공연예술
프로덕션 강의

공연예술
프로덕션 강의

임정은 지음

The Essentials of
Performing Arts Production

차례

1부_공연예술 특성과 프로덕션 구조

1장 │ 공연예술의 특성 ── 17
공연예술 정의 및 속성
공연예술 장르 분류
상호작용으로 완성되는 공동의 경험

2장 │ 공연 프로덕션 개요 ── 23
공연 프로덕션 운영 단계

2부_프리 프로덕션 : 성공적인 공연의 태동

3장 │ 공연 프로덕션 기획 ── 31
목적 설정
환경 조사
SWOT 분석과 전략 수립
컨셉 설정

5부_ 공연예술의 미래

✦

애정으로 익히고 경험으로 엮은
공연예술 제작의 단계들

이 책의 저자 임정은을 처음 만난 것은 서울시오페라단의 발전 방향을 모색하기 위한 토론회의 좌장을 맡아 오페라단이 속한 세종문화회관을 방문했을 때였습니다. 오페라단 사무실에 노크를 하고 들어가니 두 사람이 자리를 지키고 있었습니다. 그중의 한 사람이 저자였습니다. 당시에 단장은 공석이었습니다. 예상보다 작은 오페라단 규모에 제가 물었습니다.

"두 사람으로 오페라단을 운영해 나갈 수 있나요?"

임정은이 망설이지 않고 대답했습니다.

"프로덕션만 하기 때문에 충분합니다."

얼마 후에 저는 이 오페라단의 단장을 맡게 되었습니다. 그의 말이 사실이었습니다. 단장까지 세 사람이 한 해에 3, 4회 되는 공연을 다 제작하였습니다. 저는 정규 오페라 공연 외에도 훗날 '세종 카메라타'라는 이름을 붙인 오페라 창작 시스템 개발, 낮 시간의 짧은 오페라 공연인 '오페라 마티네' 등 적지 않은 새로운 일도 시도하였는데 때때로 인턴 직원이 더 붙었을 뿐, 이 작은 조직에서 다 제작하고 공연했습니다.

세종문화회관의 사무국이 중앙에 있어서 일반 운영을 맡고 오페라단, 무용단, 뮤지컬단, 극단 등 예술 단체는 그 분야의 전문적인 일만을 맡아 진행하는 시스템이었습니다. 오페라단에 홍보 담당, 기획 담당, 총무 등의 직책이 있기는 했습니다만 실제로는 그런 구분 없이 모두가 모든 역할을 했습니다. 그 작은 규모 때문에 다른 방도가 없었지만 어쩌면 더 효과적이기도 했습니다. 대신 오페라 프로덕션과 관련된 모든 디테일들을 파악하고 책임 있게 진행해야 했습니다.

결코 여유가 있는 직무가 아니었는데 저자는 직장을 다니면서 예술 경영과 관련하여 공부를 더 하고 싶다는 의사를 보여왔습니다. 저는 곧 동의했습니다. 그가 쌓아 온 그동안의 지식과 경험이 대부분 공연예술에 관한 것이고 관심 또한 지속적으로 이 분야에 있었던 만큼 공연예술계를 떠나지 않으리라 여겼기 때문이었습니다. 그렇다면 할 수 있을 때 더 공부하고 더 축적하는 것이 필요하겠지요.

학위도 끝내고 그 분야의 강의도 하고 있는 그가 공연예술 프로덕션에 관한 책을 낸다고 알려왔을 때 저는 '할 일을 하는구나'라고 생각했습니다. 이 분야에 대한 책에 그만한 저자가 없으리라 여겼기 때문이었습니다. 초고를 읽어보니 예상대로였습니다. 복잡한 공연예술의 구조와 과정이 잘 정돈되어 있고 스스로 발로 뛰어 본 사람이 아니면 짚어내기 어려운 디테일들이 열거되어 있었습니다. 경험이 토대가 된 만큼 곳곳에 개인적인 터치가 살아있어 재미도 있었습니다. 공연예술 프로덕션에 관한 교과서 혹은 안내서의 성격을 가지면서도 틀에 박히거나 딱딱할 법한 내용들을 저자 고유의 정서와 언어로 잘 녹여내고 있었습니다.

현대 사회에 AI가 본격적으로 등장한 이래 모든 분야에서 '이제 우리 분야는 어떤 변화를 겪을 것인가?'하는 기대 혹은 두려움 섞인 전망들이 나오고 있습니다. 앞으로 많은 것이 바뀌겠지요. 그러나 많은 이들이 AI 시대를 맞는 지금, 오히려 나 자신을 아는 것이 매우 중요하다는 지적을 합니다. 나를 안다는 것은 나와 우리 시대, 이 시대의 중요한 가치, 시대를 움직이는 방식 등을 포함하는 것이겠지요. 오늘 우리의 공연예술이 작동되는 구조와 방식을 잘 설명한 이 책, 임정은의 『공연예술 프로덕션 강의』가 앞으로도 이 분야의 좋은 길잡이 역할을 할 것이라고 믿는 이유가 여기에 있습니다.

공연예술이 보여주는 판타지에 동경을 가지고 있는, 그 판타지를 구현하는 막 뒤 저편의 여러 가지 일들이 궁금한 여러분들의 일독을 권합니다.

이건용 작곡가, 전 한국예술종합학교 총장

여는 글

✦

오늘의 최선으로
세워지는 무대

'저 공연은 어떻게 만들어졌을까?'

잘 만들어진 공연 한 편을 관람할 때 우리는 이런 생각을 한 번쯤 하게 됩니다. 공연을 관람할 때 지는 같은 시간에 무대 뒤편의 상황은 어떠할지 상상할 때가 많습니다. 때때로 공연이 관객과 만나기까지 오랜 기간 최선을 다해 준비했을 이름 모를 관계자들을 향한 격려와 응원뿐 아니라 숙연한 마음이 들기도 합니다. 공연 관계자가 아니어도 공연에서 재미와 감동, 그리고 특별함을 느낀 관객들은 특정 작품, 인물에 관한 관심에서 더 나아가 공연 제작 과정 전반에 대한 궁금증을 갖기도 합니다.

오래전 저 역시 그런 호기심에서 출발해 예술경영을 학문으로 배우게 됐습니다. 이후 공연예술 현장의 여러 상황을 마주하며 이론만으로 공연을 제작하는 것이 쉽지 않음을 체감했습니다. 또한 오랜 시간 공공 극장에서 공연을 제작하면서 얻은 깨달음과 아쉬움, 현장에서만 체득할 수 있는 노하우들이 쌓여갔습니다.

십수 년이 흐른 지금, 저는 대학에서 '공연 기획 및 제작', '문화예술 홍보 기획', '예술경영' 등을 주제로 강의하고 있습니다. 여러 해 강단에서 만난 학생들에게서 이론뿐 아니라 현장 실무에 대한 갈증과 그에 따른 요청을 거듭 받아오면서 그간 해온 강의 내용을 토대로 공연예술 현장에서 프로덕션을 중심으로 벌어지는 일련의 과정을 한 권의 책으로 정리하게 되었습니다.

프로덕션의 모든 단계와 요소는 유기적으로 연결되어 있습니다. 작품 개발, 공연 기획 등 프리 프로덕션부터 파트별 제작 과정, 홍보·마케팅, 리허설, 본공연에 이르는 프로덕션, 공연 종료 후 평가와 후속 조치가 포함되는 포스트 프로덕션의 모든 과정마다 현장에서 벌어지는 일들을 기본적인 단계와 흐름에 따라 최대한 구체적이고 실제적인 노하우를 담아내고자 하였습니다.

공연예술 분야에서도 클래식 음악·국악·연극·뮤지컬·무용 등 각 장르가 지닌 특성에 따라 기획, 제작 방식에도 조금씩 차이가 있습니다. 동시에 공연예술이라는 거대 범주 안에서는 공통된 일련의 과정을 거치게 됩니다. 이 책에서는 독자들의 이해를 돕기 위한 공연예술 장르 및 사례로 오페라를 택했습니다. 음악과 극이 결합한 종합예술인 오페라처럼 규모, 단계, 변수가 다양한 장르가 드물고, 작품 면에서도 고전 작품뿐 아니라 동시대 창작 작품을 개발, 제작하는 과정까지 살필 수 있기 때문입니다.

공연예술 프로덕션 과정에 정답은 없습니다. 어쩌면 매 순간 예기치 못한 변수로 인해 결말을 정확히 예측하기 어렵다고 말하는 편이 더 나을 것 같습니다. 아무리 기획을 잘했더라도 제작 과정에서 예상과 다른 문제에 봉착하는 곳이 공연예술 현장입니다. 또한 우리를 둘러싼 모든 환경의 영향을 받다 보니, 때마다 사회 전반에 관심을 두고, 천재지변의 상황에서도 대안을 찾으며 주어진 과정을 지속해야 합니다.

각자의 자리에서 오늘의 최선으로 가득 찬 모든 날들이 쌓여 하나의 공연예술이 탄생합니다. 이 책이 오늘의 최선을 위해 고군분투를 이제 막 시작한 공연 기획·제작자뿐 아니라, 예비 지망생들에게 실제적인 도움이 되기를 바라는 마음입니다.

1부

공연예술 특성과
프로덕션 구조

공연예술의
특성

드라마·영화·가요 등 대중 문화예술 콘텐츠와 달리 공연예술은 한정된 시간과 공간에서 '실시간live'으로 진행되기에 형성되는 고유한 차별성이 존재합니다. 이러한 특성은 공연예술이 가지는 독창성과 매력을 더욱 돋보이게 합니다. 공연예술 범주 안에서도 창작하고 표현하는 방식에 따라 다양한 장르로 나눠지며 각기 다른 개성을 토대로 관객과 소통하는 방식을 지니고 있습니다. 또한 무대 위에서 실연되는 방법에 따라 연주 위주의 공연과 종합예술 구성 형태의 공연으로 나눠지기도 합니다. 공연예술 프로덕션 과정을 본격적으로 살펴보기에 앞서 해당 분야의 특성을 이해할 필요가 있습니다.

공연예술 정의 및 속성

✦

무대에서 실연實演되는 예술 행위를 가리키는 '공연예술performing arts'에 관한 정의는 다양합니다. 그중에서도 공연법에 의거한 정의를 살펴보겠습니다. 공연법 제2조를 보면 "공연이란 음악, 무용, 연극, 연예, 뮤지컬, 국악, 곡예 등 예술적 관람물을 실연實演에 의하여 공중公衆에게 관람하도록 하는 행위를 말한다. 다만 상품 판매나 선전에 따르는 공연은 제외한다"라고 명시되어 있습니다.

여타 문화예술 분야와 달리 공연예술이 갖는 가장 큰 차이는 예술가의 '실연'과 관객의 '관람'이 동시에 발생한다는 점입니다. 연극의 3요소가 배우, 무대, 관객이라는 것만 보더라도 예술가의 몸짓, 소리뿐 아니라 이에 대한 관객의 공감과 반응으로 함께 호흡하면서 공연이 완성된다는 것을 알 수 있습니다.

다만 과거 코로나19로 인한 팬데믹이 길어졌을 당시, 관객과 대면하는 공연이 난항을 겪으면서 여러 예술단체가 무관객 공연을 진행하고 이것을 영상으로 송출하는 방안을 택했습니다. 이것은 특수 상황에서 차선책으로 마련된 형태이며 공연예술의 본질적인 특성이 모두 담겼다고 보기는 어렵습니다. 또한 이와는 별개로 관객 앞에서 선보인 공연을 촬영해 영상물로 감상할 수 있게 만든 공연 영상의 경우, 별개의 영상 예술 또는 기록물로 분류해야 할 것입니다.

공연예술은 '현재성現在性', '현장성現場性'을 전제로 합니다. 여기에는 작품이나 무대, 예술가 같은 직접적인 예술 요소뿐 아니라 공연 환경, 관람 시간대 등 부수적인 영역도 포함되면서 고유의 특성을 불러옵니다.

　가장 대표적인 속성은 '일회성一回性' 및 '소멸성消滅性'입니다. 각각의 공연은 오직 1회로써 존재하며 종료와 함께 사라집니다. 동일한 작품, 동일한 예술가의 공연이더라도 개개인의 컨디션, 실력, 공연 환경, 앙상블의 호흡에 따라 매회가 완전히 똑같을 수 없으며, 복제 생산 역시 불가능한 개념입니다. 이러한 연유로 공연예술은 '이질성異質性'을 갖습니다. 공연의 표준화·균등화가 어려운 것도 이 때문입니다. 다만 이로 인해 발생할 수 있는 감상의 격차를 보완하기 위해 공연에 참여하는 모든 사람들은 상세하고도 명확한 사항을 공유하고 약속한 대로 상연하기 위해 최선의 노력을 다합니다. 또한 공연예술은 일정한 형태나 형상이 없는 '무형성無形成'으로 존재합니다. 기록물을 통해 공연에 관한 정보를 사전에 습득할 수 있겠으나 실연 그 자체를 직접 보기 전까지는 공연의 모습을 정확히 가늠하거나 경험할 수 없습니다. 더불어 앞서 말한 '실연'과 '관람'의 동시 발생과 '소멸성'을 전제로 하기에 해당 공연 자체를 소유할 수도 없습니다.

공연예술 장르 분류

✦

우리나라 공연법에 따르면 공연예술은 음악·무용·연극·뮤지컬·연예·국악·곡예 등으로 분류됩니다. 여기서는 전통적인 표현 양식에 따라 '연주(가창) 위주' 구성과 '종합 예술' 구성 형태로 구분하여 살펴보

연주 중심의 오케스트라 공연

고자 합니다.

 '연주 위주'로 구성된 공연예술은 클래식 음악·국악·대중음악 등의
장르에서 콘서트(보컬), 관현악(오케스트라), 실내악(앙상블) 등과 같은
형태가 있습니다. 무대, 조명, 의상 등이 존재하나 보조적인 차원이며
공연은 예술가의 음악적 해석과 그에 따른 연주 또는 가창을 중심으로
공연이 진행됩니다.

 '종합 예술' 구성의 공연은 음악, 동작, 연기뿐 아니라 무대미술·조
명·영상·의상·분장 등 다양한 시각예술 디자인이 결합해 조화를 이
루는 형태로 나타납니다. 연극, 오페라, 뮤지컬, 무용, 창극 등 장르별로
차이가 있으나 대부분 공연 전체를 이끄는 연출가 또는 안무가의 역할

종합예술 형태의 오페라 공연

이 중요합니다. 이들의 작품 해석을 기반으로 분야별 디자이너들이 시각화한 무대 위에서 가수, 배우, 무용수 등 실연 예술가들이 표현하는 방식으로 이뤄집니다.

상호작용으로 완성되는 공동의 경험

✦

공연예술에서 관객과의 상호작용은 작품을 완성하는 중요한 구성요소입니다. 무대 위에서 펼쳐지는 예술가의 연기는 관객의 반응에 따라 미묘하게 변화하고 발전할 수 있습니다. 예를 들어 관객의 박수, 웃음, 감탄 등과 같은 반응은 예술가에게 즉각적인 피드백으로 작용해 공연 흐름에 영향을 줄 수 있습니다. 또한 이러한 상호작용은 공연 전반에 긍정적인 긴장감을 부여해 순간의 감정과 에너지를 상호 공유하면서 관객이 공연의 일부가 되는 경험으로 이어집니다. 결국 공연예술은 예술가들의 일방적인 결과가 아닌 관객과 함께 호흡하고 소통하며 완성되는 공동의 경험이라고 할 수 있습니다.

2장

공연 프로덕션
개요

일상에서 접하는 영화·음악·미술·문학·방송 등 다양한 문화예술 콘텐츠 중 '공연예술'은 대중에게 특별하고도 깊은 감동을 선사합니다. 여기에는 무대에 선 예술가의 기량을 통해 전달되는 고도의 예술적 표현에서 비롯된 것이 상당합니다.

대중에게 회자되고 있는 스테디셀러 뮤지컬 한 편을 관람했다고 가정해 보겠습니다. 무대에서 온 힘을 다해 노래와 연기를 선보이는 배우들에게 우리는 전율을 느끼고, 때로는 눈물을 흘리기도 합니다. 중간 휴식 시간에 무대 디자인이나 특정 장면이 기억에 남아 옆 사람과 이런저런 이야기를 나눌 수도 있지요. 귀갓길에 공연 속 음악이 마음에 남아 자신도 모르게 흥얼거리며 공연의 여운을 즐기기도 합니다. 이 모든 것이 공연예술의 묘미라 할 수 있습니다.

반대로 기대 속에 공연장을 찾았지만 예상외로 공연의 완성도가 떨어지거나, 출연자 또는 무대 컨디션의 문제로 공연에 몰입하기 어렵거나, 그 외 다른 요소로 인해 흥미가 사라지는 때도 있습니다. 이 역시 공연예술이기에 생길 수밖에 없는 부분입니다.

한 편의 공연을 두고 소위 말하는 성공과 실패는 프로덕션을 이루는 여러 요소와 운영 단계에서 판가름이 납니다. 그 중 가장 중요한 것을 꼽는다면 '기획'이라고 할 수 있습니다. '목적한 것을 가장 좋은 대안으로 계획하는 행위'라는 사전적 정의에서도 알 수 있듯이 '기획'은 공연의 최종 목적을 달성하기 위한 필수 단계이자 핵심 요소입니다. 하지만 훌륭한 기획만으로 성공을 담보할 수는 없습니다. 프로덕션 제작 실행 과정을 거치면서 여러 요소들로 인해 예상에서 달라지는 것들이 상당하기 때문입니다.

공연 프로덕션 운영 단계

✦

'프로덕션'이라는 단어는 공연·영상·음악·패션 등 다양한 분야에서 조금씩 다른 의미로 사용되고 있습니다. 다만 공연예술 분야에서는 하나의 공연을 제작하면서 거치는 기획, 제작, 상연, 사후 보고에 이르는 모든 과정과 기간을 의미하는 것이 대부분이며, 경우에 따라 공연의 제작 주체를 가리킬 때도 있습니다.

하나의 프로덕션을 이루는 모든 요소와 각 단계는 유기적으로 결합되어 있기에 공연의 성공과 실패를 가르는 것은 '프로덕션 운영' 그 자체라고 할 수 있습니다. 공연을 제작하는 과정은 크게 3단계로 나누어 볼 수 있습니다.

프리 프로덕션 Pre-Production

공연 기획을 위한 사전 조사부터 기본 계획을 수립하는 단계입니다. 제작 기획 방향에 따른 장르 및 작품 선정, 일시 및 장소, 예산 수립, 제작진과 출연진 섭외, 공연장 대관, 홍보·마케팅 계획, 파트별 제작 계획 등이 해당됩니다. 기존에 없던 새로운 작품을 선보이는 창작 공연은 별도의 '작품 개발' 단계를 수립합니다. '창작 오페라'의 경우 작곡가와 대본가를 위촉하거나 공모해 작품의 소재, 대본, 음악에 대한 창작 과정을 거칩니다. 이미 만들어진 기존 작품을 기획하는 것에 비해 보다 세밀한 기획·개발이 요구됩니다.

프로덕션 Production

프리 프로덕션에서 세운 기획과 그에 따른 세부 계획을 본격적으로 실행하는 과정입니다. 출연진의 연습 및 리허설 진행, 파트별 디자인 제작, 무대 셋업, 홍보·마케팅 실행, 본공연 진행 등을 포함합니다.

포스트 프로덕션 Post-Production

공연 종료 후 무대 철수, 정산, 평가 및 결과 보고를 통해 프로덕션의 성

	기획	제작	홍보	마케팅	예산수립 외
프리 프로덕션	프로덕션 사업 계획	작품 개발	홍보/마케팅 전략 수립		지출예산 수립
	목적 설정	리딩 공연	컨셉 설정	STP 전략	목표 수입예산 계획
	SWOT 분석	제작 예술품 디자인 구상	메인디자인 구상	CRM 활용 계획	행정 수립
	작품 선정/컨셉 설정	연습/리허설 스케줄 계획 수립	홍보/마케팅 스케줄 계획 수립		공연장 대관
	참여자 섭외 및 계약 (제작진/출연진/스태프)	제작 계획 수립			
프로덕션		연습(음악/연기/오케스트라/시츠프로브)	언론 보도 (회차별)	티켓 오픈	
		예술품 제작	홍보 사진/영상 촬영	티켓 할인 정책	
		예술품 검수	인쇄물/옥외 홍보물	프로모션	
		스태프 회의	쇼케이스 개최	이벤트	
		무대 셋업	프로그램 책자 발간	후원사/협찬사 관리	
		무대 리허설 (테크/드레스/제너럴)			공연장 로비, 객석 점검 및 오픈
	제작 협업				
	본공연 진행(회차별)				
포스트 프로덕션	합평회 개최	무대 철수	관객 평가 분석 (일반/전문가/언론)	티켓 판매 집계 및 분석	행정자료 검토
	프로덕션 사업 결과 보고서	파트별 예술품 보관			출연료 정산 및 지급
		프로덕션 바이블			수입금 집계
	프로덕션 종료				

공연 프로덕션 구조도

과를 되짚어보며 마무리하는 단계입니다. 또한 차기 작품을 모색하는
밑거름이 되는 과정이기도 합니다.

이제부터는 프로덕션 과정 3단계를 큰 흐름으로 잡고, 각 단계마다
이뤄지는 활동들을 구체적으로 나눠보겠습니다. 또한 앞서 말한 대로
프로덕션 단계별 실행에 이해를 돕기 위해 공연예술 장르 및 사례로써
오페라 공연을 중심으로 살펴보겠습니다.

2부

프리 프로덕션 :
성공적인 공연의 태동

3장

공연 프로덕션
기획

공연 프로덕션을 본격적으로 시작해 봅시다. 가장 먼저 자신이 기획하는 공연 프로덕션의 목적을 설정합니다. 이후 관련 자료 수집 및 환경 분석을 진행하며 목적에 따른 실행 가능 여부를 지속적으로 판단하는 것이 중요합니다. 이를 바탕으로 프로덕션의 방향이자 기준이 되는 컨셉을 결정합니다. 각각의 세부 절차들은 상당한 시간과 에너지를 요구하며, 다양한 각도에서 검토해야 할 필요성이 있는 사안들입니다. 이를 위해 여러 명으로 구성된 하나의 팀, 즉 기획팀이 구성되어 있다면 각자 역할을 분배해 진행하는 것이 효과적입니다. 한편, 프리 프로덕션과 프로덕션 전반부에서 다루는 내용의 대부분은 공연 사업계획서에 포함되는 사항이므로 이를 감안하여 살펴보기 바랍니다.

목적 설정

✦

공연 프로덕션 기획의 초기 단계에서 가장 고민하게 되는 부분은 '목적'입니다. 기획 프로듀서는 누구보다 공연 프로덕션의 목적을 명쾌하고 설득력 있게 설명할 수 있어야 합니다.

우리나라에서 공연 프로덕션의 목적은 기본적으로 주최 측의 운영 방식에 따라 달라집니다. 만약 주최 측이 공공기관일 경우 예술적 가치와 공공 서비스 제공에 보다 중점에 두며, 민간기관에서는 경제적 이익을 우선 고려하게 됩니다. 이에 따라 공연 작품 선정에도 신중을 기하게 됩니다. 하지만 본 장에서는 주최 측의 상황과 별개로 반드시 심사숙고해야 하는 '예술적 가치', '사회적 영향력', '경제적 이익'이라는 세 가지 차원에서 함께 고민해 보겠습니다.

먼저 '예술적 가치' 측면을 고려한다면 프로덕션은 예술가가 추구하는 창의적이며 예술적인 표현 방식을 관객과 공유하는 데 목적을 두게 됩니다. 특정 예술 형식이나 기법, 새롭고 과감한 실험을 한다면 이전에 없던 예술 표현을 발견할 수 있습니다. 이를 통해 해당 장르에 영향을 끼치거나 향후 타 예술가의 영감을 불러일으키는 데 중점을 둘 수도 있습니다.

'사회적 영향력' 측면에 초점을 둘 경우 예술을 통해 사회적 이슈에 대한 새로운 관점과 인식을 제시할 수 있습니다. 공연의 관객 역시 해당 이슈를 여러모로 바라보게 되며, 그들의 의견을 표현하거나 소통하는 장을 마련할 수도 있습니다. 그 가운데 인권, 평등 등 다양한 사회적 가치에 대한 일종의 메시지가 전달되거나 구체적인 변화를 모색할 수도 있습니다. 또한 공연으로 인종, 문화, 성별, 세대 등 처한 조건이 서로 다른 사람들 사이에 상호 이해를 높이면서 새로운 커뮤니티가 형성되거나, 기존 커뮤니티의 화합을 불러올 수도 있습니다. 실제로 상당수 연출가들이 현재 사회적 논란이 되고 있거나 대중에게 잊힌 사회적 이슈를 투영한 공연으로 다양한 메시지들을 전달하고 있습니다.

'경제적 이익' 측면을 목적으로 할 때는 공연으로 창출되는 경제적 가치와 실제로 거둬들이게 되는 이익에 대해 고려하게 됩니다. 예를 들어 티켓 판매, 후원, 기부금 등을 조성하면서 얻은 이익은 프로덕션 운영비뿐 아니라 향후 기획할 프로덕션에 투자금으로 활용할 수도 있습니다. 축제 성격의 공연을 기획한다면 지역민의 문화 향유의 질을 높이는 동시에 관광객을 유치하고 더 나아가 지역 경제 및 문화산업 활성화에 기여할 수도 있습니다. 무엇보다 대중과 평단으로부터 인정받은 성공적인 공연으로 예술가와 프로덕션, 주최 측의 명성뿐 아니라 궁극적으로는 브랜드 가치를 향상해 향후 제공하는 공연 및 서비스에 대한 긍정적인 효과를 불러올 수 있습니다.

프로덕션의 목적 설정 시 경우에 따라 하나의 측면을 고려할 수도, 여러 측면을 고려할 수도 있습니다. 다만 다양한 측면에서 목적을 정리할 때, 우선순위를 정해 최우선으로 삼을 목적을 정하는 것이 프로덕션 운영을 위해 중요한 길라잡이가 됩니다.

혹여 앞서 언급한 세 가지 측면을 고려하더라도 처음부터 목적을 명확하게 정리하는 것이 어려울 수 있습니다. 그렇다면 일단 현재 상태에서 떠오르는 내용들로 1차 목적 설정을 해봅시다. 이후 환경 조사 및 분석 과정을 거치면서 얻는 정보들을 통해 목적을 추가로 보완하고 강화할 수 있게 됩니다.

환경 조사

✦

공연 프로덕션 기획 단계에서 공연을 둘러싼 여러 환경을 살피는 것은 필수이며, 무척 중요합니다. 되도록 다양한 측면에서 최대한의 데이터를 수집하는 것이 큰 도움이 됩니다. 환경 조사를 할 때는 크게 세 가지 영역을 염두에 두고 진행하면 좋습니다. 특히 이 작업은 조사 범위를 어떻게 설정하느냐에 따라 상당한 시간이 소요되기도 합니다. 평소에 습관처럼 자료를 수집하면서 때마다 정리해 둔다면 프로덕션 기획 시점이 왔을 때 시간 단축은 물론, 보다 효과적으로 자료를 분석하는 데 도움이 됩니다.

국내 공연예술계 현황

최근 3년간 국내 무대에 오른 공연을 시기별, 장르별, 작품별로 살펴보고 목록화합니다. 주요 공연장 및 예술단체의 기획 공연, 기타 대관 공연까지 모두 포함합니다. 이때 장르에 따른 공연 및 상연 횟수, 티켓 구매자의 성별·연령대 통계, 극장별 공연 현황 등을 기준으로 나눠 조사하는 것을 추천합니다. 자료 수집을 통해 최근 공연예술계 트렌드와 관객 선호도를 자연스럽게 파악할 수 있으며 컨셉을 설정하는데 도움이 됩니다. 온라인에 공개된 정보뿐 아니라 관계자 네트워크를 활용해 향후 주요 공연장 및 예술단체에서 준비 중인 프로덕션, 특히 우리 공연이 예정된 기간 전후로 잡혀있는 공연까지도 파악하면 좋습니다.

해외 공연예술계 현황

유럽, 미국 등 해외 주요 공연장 및 예술단체, 페스티벌에서 최근 3년간 올린 공연 및 시즌 차기작을 조사합니다. 특히 동일한 장르의 공연이라면 구체적으로 비교, 분석할 수 있도록 제작진과 출연진에 관한 상세 정보와 프로덕션 특징을 자세히 살펴보는 것이 필요합니다. 더 나아가 제작 방식이나 홍보 방법 면에서 우수한 점이 있다면 저작권에 문제가 되지 않는 선에서 벤치마킹할 수 있는 부분을 고려해 자료를 수집하는 방법도 있습니다.

국내외 이슈 및 이벤트

우리나라 및 해외에서 발생했거나 예정된 이슈 및 이벤트는 공연 프로덕션에 영향을 줄 수 있습니다. 이를테면 올림픽, 전쟁, 바이러스, 특정 국가의 대선 등은 전 세계에 영향을 끼치는 이슈입니다. 한편 공연예술계와 직접 연결된 것에는 국가 간 수교, 유명 예술가의 탄생 및 서거 기념 등이 있습니다. 기획 단계에서 이 부분을 미리 점검해 공연에 활용할 것인지, 또는 상충하거나 예민할 수 있는 부분을 피하거나 보완할 것인지를 사전에 고려해야 합니다. 이에 따라 대중의 관심을 끌어내어 적극 소통할 수 있는 계기가 되며, 공연을 알리는데 시너지 효과를 낼 수 있습니다.

저작권 검토

공연예술 분야에서는 하나의 프로덕션 안에서도 각 저작물에 대한 이용 방법, 관리 내용 등이 다르게 적용되기에 세부적인 저작물에 대한 검토가 필요합니다. 다시 말해 작품 선정 및 기획, 작품 개발, 제작 과정, 홍보·마케팅 진행 등 프로덕션을 운영하는 각각의 과정에 해당되는 개별 저작물에 대한 저작권을 제대로 파악해야 합니다. 이에 따라 작품 선정 여부, 제작 방향, 예산 규모 등이 현저히 달라질 수 있기 때문입니다.

뮤지컬이나 오페라처럼 종합예술 장르의 경우 복잡한 권리 관계를 가진 복합적인 저작물에 해당합니다. 이미 창작된 작품을 공연할 때 장르와 작품의 특성상 조금씩 다를 수 있으나 극작가, 작곡가, 작사가 등이 주요 저작자가 될 것입니다. 대본, 음악 등 개별 저작물의 저작자가 2인 이상인 공동 저작물의 경우, 공동 저작자 전원의 허락을 얻어야 할뿐만 아니라 저작권 보호 기간의 산정도 달라지므로 이 부분에 대한 정보 확인도 필요합니다.[+]

시간이 지날수록 저작권의 중요성과 이에 대한 법적 관리 및 규제가 강화되어 이 부분을 소홀하게 여긴 경우, 자칫 법적 분쟁으로 확대될 수 있는 사안입니다. 기획 단계에서부터 반드시 법률 자문을 통해 저작권을 검토하는 것이 필수이며, 이를 반영해 계약 또한 철저하게 이행해 두는 것이 중요합니다.

SWOT 분석과 전략 수립

✦

그동안 여러 측면에서 조사한 데이터를 바탕으로 분석을 진행합니다. 다양한 방법 가운데 경영 전략 수립을 위한 분석 도구인 SWOT 분석을 활용해 보겠습니다. 1960년대 후반 앨버트 험프리Albert S. Humphrey가 개발한 SWOT 분석은 오늘날 기업 조직을 비롯해 비즈니스 및 프로젝트의 현재 상태를 평가하고 미래의 가능성을 탐색하는 전략적 계획 도구로 널리 알려져 있습니다. 대상이 가진 강점과 약점, 외부 환경적 기회와 위협 요소를 분석하여 약점을 보완하면서 강점을 최대화하고, 외부에서 발생하는 긍정 요소 및 문제 가능성을 검증할 수 있습니다. 공

Strength (강점)   Weakness (약점)   Opportunity (기회)   Threat (위협)

✦ 한국저작권위원회. (2016). FAQ 해외저작권상담「뮤지컬의 보호기간과 이용허락」. www.copyright.or.kr/customer-center/faq/list.do?pageIndex=12&portalcode=&searchkeyword=&categorycode1=&counscounsel=41607

연 프로덕션 기획 단계에서 SWOT 분석을 적용할 때 아래 예시와 같이 정리할 수 있습니다.

강점Strength

공연의 특별한 점, 프로덕션의 강점, 관객이 좋아할 만한 요소

- 섭외 예정인 출연진이 공연예술계에서 주목받거나 팬덤이 형성되어 있는 것
- 공연하려는 작품의 시청각 예술성이 높아 긍정적으로 회자될 수 있는 것
- 공연장 주변에 대기업이 있어 회사원을 비롯한 대중 접근성이 좋다는 것

약점Weakness

공연이 가진 한계점, 외부 노출이 어려운 사항, 개선이 필요한 부분

- 창작 또는 국내 초연 작품이라 대중 인지도가 부족한 것
- 검토 중인 작품의 예술적 난해함이 높아 관객 이해가 어려울 수 있는 것
- 마니아가 주목할 만한 작품이지만, 마니아 층에 대한 상세 정보가 부족한 것

기회Opportunity

공연에 활용 가능한 유리한 조건, 시장 내 경쟁 우위 가능한 요소

- 2024년 작곡가 푸치니의 서거 100주년 기념해인 것을 활용
- 프로덕션에 섭외를 염두에 두고 있는 예술가가 최근 해외에서 수상한 것
- 문화 소비가 증가하는 연말 시기에 공연하는 것

위협Threat

공연에 부정적인 영향을 주는 요인, 경쟁사의 뛰어난 점, 사회 이슈 등

- 현재 공연하려는 작품과 경쟁사의 유사 작품 공연이 겹치는 것
- 현재 공연하려는 기간에 올림픽, 월드컵 등 국제적인 행사가 예정되어 있는 것
- 사회적으로 논란이 되는 특정 이슈와 작품 및 프로덕션 내 일부 요소의 연관성

SWOT 분석을 통해 우리는 기획 단계의 공연 프로덕션의 현황을 더욱 객관적으로 바라보는 동시에, 현재 처한 상황과 환경을 명확하게 파악할 수 있습니다. 이제 SWOT 네 가지 차원에서 점검한 사항을 토대로 전략을 수립해 봅시다.

일련의 분석 과정을 통해 수립한 전략은 프로덕션 운영 과정의 큰 축이며, 수많은 선택의 순간마다 우선순위를 결정짓는 기준점이 되기도 합니다. 또한 공연 프로덕션의 구체적인 목표 달성에 중요한 부분이 되므로 상당한 시간이 걸리더라도 반드시 수립하고 꼭 실행해야 한다는 점을 잊지 말아야 합니다.

강점-기회(SO) 전략

외부 기회를 활용해 내부의 강점을 부각하기

- 2024년 한-이 수교 140주년을 감안해 이탈리아 오페라 작품을 선택
- 최근 해외 유명 극장에서 호평받은 한국인 가수가 참여하는 프로덕션임을 강조

		내부 환경 요인	
SWOT 분석 전략 수립		강점 Strength • 프로덕션 섭외 예정인 출연진이 공연예술계에서 주목받거나 팬덤이 형성되어 있는 것 • 공연하려는 작품의 시청각 예술성이 높아 긍정적으로 회자될 수 있다는 것 • 공연장 주변에 대기업이 있어 회사원을 비롯한 대중 접근성이 좋다는 것	약점 Weakness • 창작 또는 국내 초연 작품이라 대중 인지도가 부족한 것 • 검토 중인 작품의 예술적 난해함이 높아 사전 정보 없이 관객 이해가 어려울 수 있는 것 • 마니아가 주목할 만한 작품이지만, 관련 마니아 층에 대한 구체적인 정보가 부족한 것
외부 환경 요인	기회 Opportunity • 2024년 작곡가 푸치니의 서거 100주년 기념 해인 것을 활용 • 프로덕션에 섭외 염두하고 있는 예술가가 최근 해외에서 수상한 것 • 문화 소비가 증가하는 연말에 공연하는 것	강점-기회(SO) 전략 • 2024년 한국-이탈리아 수교 140주년을 감안해 이탈리아 오페라 작품을 선택 • 최근 해외 유명 극장에서 호평받은 한국인 가수가 참여하는 프로덕션임을 강조	약점-기회(WO) 전략 • 관객에게 생소한 창작 초연에 팬덤을 가진 예술가를 섭외해 공연 관객을 확대 • 부족한 일부 제작 능력을 보완하기 위해 해외 유명 프로덕션 또는 연출가와 협력
	위협 Threat • 현재 공연하려는 작품과 경쟁사의 유사 작품 공연이 겹치는 것 • 현재 공연하려는 기간에 올림픽, 월드컵 등 국제적인 행사가 예정되어 있는 것 • 사회적으로 논란이 되는 특정 이슈와 작품 및 프로덕션 내 일부 요소의 연관성	강점-위협(ST) 전략 • 해석 능력이 뛰어난 연출가를 통해 동기간 유사 작품을 공연하는 극장과 차별성 • 공연장 지리적 특성을 감안해 주변 직장인을 서브 타깃으로 설정한 프로모션 운영	약점-위협(WT) 전략 • 작품 이해를 돕는 관객 대상 워크숍 및 강연을 사전에 마련해 동 기간 경쟁 공연과의 차별성 구축 • 주최 측 공연을 지속 관람한 관객 데이터를 추출해, 해당 관객들에게 티켓 특별 할인 제공

SWOT 분석을 통한 전략 도출 예시

약점-기회(WO) 전략

내부의 약점을 보완해 외부 기회를 살리기

- 관객에게 생소한 창작 초연에 팬덤을 가진 예술가를 섭외해 공연 관객을 확대
- 부족한 일부 제작 능력을 보완하기 위해 해외 유명 프로덕션 또는 연출가와 협력

강점-위협(ST) 전략

내부 강점을 활용해 외부 위험 요소를 돌파하기

- 해석 능력이 뛰어난 연출가를 통해 동기간 유사 작품을 공연하는 극장과 차별화
- 공연장 지역 주변의 직장인을 서브 타깃으로 설정한 프로모션 운영

약점-위협(WT) 전략

내부의 약점을 보완하면서 외부 위협 요소를 최소화하기

- 작품 이해를 돕는 관객 대상 워크숍 및 강연을 사전에 마련해 같은 기간 경쟁 공연과의 차별성 구축
- 주최 측 공연을 지속 관람한 관객 데이터를 추출해, 해당자에게 티켓 특별 할인 제공

컨셉 설정

✦

지금까지 우리는 공연 프로덕션 제작 기획을 위해 먼저 목표를 설정해 관련 자료를 수집하고 SWOT 분석 및 전략을 세웠습니다. 이 과정에서

공연에 적합한 예상 관객도 같이 설정이 되었을 것입니다. 이제 공연의 컨셉을 정할 차례입니다. 작품과 공연이 추구하는 정체성이 모두 담겨야 하기에 공연의 컨셉을 정하는 것은 쉽지 않은 일입니다.

공연 컨셉은 프로덕션의 파트별 제작뿐 아니라 홍보·마케팅 영역까지 유기적으로 연결되어 통일성과 일관성 아래 하나의 거대한 경험을 관객에게 제공하는 기초가 됩니다. 그렇기에 결정된 컨셉을 제쳐두고 제작 파트가 그 나름의 방식만을 고수하거나, 컨셉과는 다른 방향으로 홍보를 진행할 경우, 관객이 습득하는 여러 정보 간 불협화음이 발생하게 됩니다. 이로 인해 공연의 매력도가 한층 떨어지거나 공연이 던지는 메시지에 대한 혼란을 야기할 수도 있습니다.

반면 컨셉을 정했지만 예기치 못한 변수로 인해 달라지는 경우도 현장에서는 종종 생깁니다. 일례로 고전 오페라 공연을 기획한다고 가정해 보겠습니다. 작품은 작곡가 도니체티의 〈사랑의 묘약L'Elisir d'Amore〉이며 자료조사와 분석을 통해 '오페라 초연 당시 분위기를 담은 19세기 이탈리아 시골 배경의 공연'으로 컨셉을 잡았습니다. 그러던 중 뒤늦게 타 극장에서도 동일한 상연 시기에 비슷한 컨셉의 고전 오페라 공연을 준비하고 있다는 소식이 들려왔습니다.

이런 경우 가능한 선에서 타 극장이 기획 중인 공연의 세부 사항으로 제작진과 출연진, 공연의 전반적인 컨셉, 특별한 제작 방식 등을 확인해 봅니다. 정보가 부족할 경우 공연 주최 측의 최근 포트폴리오를 살피면서 진행된 제작 방식이나 예술적 표현 스타일을 통해 어느 정도 유추할 수도 있습니다.

추가 자료 수집 후, 공연 시기를 조정하거나 작품 자체를 변경하는 방안을 당장 떠올릴 수 있습니다. 반면 프로덕션 상황상 어렵다면, 연출 방식의 차별성을 고려하는 것도 좋은 방안이 될 수 있습니다. 예를 들면 고전에 충실한 연출과 달리 작품의 시대와 배경 설정을 연출가가 자유롭게 바꿀 수 있는, 연출가 해석 중심의 공연인 레지테아터Regie-Theater 방식을 선택하는 것입니다. 예술감독 및 해석에 따른 무대를 잘 구현할 수 있는 연출가와 협의를 통해 컨셉을 구체화합니다.

이러한 과정을 통해 '21세기 대한민국 어느 시골을 배경으로 삼은 공연'이라는 컨셉이 새롭게 결정됐습니다. 이것을 기준으로 무대, 조명, 영상, 의상, 분장 등 여러 파트의 디자인 및 제작뿐 아니라 공연을 알리는 메인 디자인, 컬러, 문구, 관객 타깃 등에 이르는 홍보·마케팅 영역까지 일관성 있는 운영 계획을 수립하게 됩니다. 공연의 컨셉이 선명할수록 프로덕션의 모든 과정이 명료해지며, 대중에게 공연의 매력을 전달하고 설득하는 과정 역시 명쾌해집니다. 공연장을 찾은 관객 또한 프로덕션 의도에 따라 혹어 생소한 작품이더라도 제대로 이해하고 몰입해 감상할 수 있게 됩니다.

푸치니 〈나비부인〉을 레지테아터 연출로 선보인 시드니 오페라 하우스 공연 모습

고전 오페라 작품을 무대화하는 과정에서 연출가의 해석과 표현에 따라 관객이 느끼는 작품의 의미는 확연히 달라집니다. 대개 원작에 충실한 해석 또는 연출가의 고유한 관점에 의한 방식으로 나눠볼 수 있는데, 여기에서는 후자를 중심으로 간단히 살펴보겠습니다.

　레지테아터는 공연예술에서 연출의 기능이 강조되기 시작한 20세기부터 생겨난 것으로 보고 있습니다. 1970년대 이후 독일에서 연극 무대를 시작으로 유럽 전역의 공연예술 무대에서 일어난 레지테아터는 연출가 해석 중심의 공연 방식을 일컫는 말입니다. 주로 원작에서 제시한 시대 배경 및 장소를 새롭게 설정하여 다른 시대나 장소로 표현하는 방식이 가장 대표적이며, 때로는 작품의 기본 스토리텔링에 특정 사건이나 이슈를 대입해 연출가가 표현하고자 하는 메시지를 담아내기도 합니다. 그 때문에 고전 작품이

더라도 연출가적 해석으로 마치 새로운 작품처럼 신선하게 느껴지는 것이
특징입니다.

　다만 연출가가 원작이 지닌 메시지와 의미를 고려하지 않은 채로 작품을
해체·재구성하는 경우, 원작을 훼손하는 것이나 다름없는 공연으로 전락할
수 있습니다. 프로덕션에서 레지테아터 연출 방식을 고려할 경우, 관객들이
충분히 이해할 수 있도록 해석 및 연출 의도 면에서 설득력과 논리력을 반
드시 갖추고 여러 디자인 파트에도 동일한 흐름이 일관성 있게 적용되어야
완성도 높은 공연이 될 수 있습니다.

4장

창작 작품
개발

프리 프로덕션 단계에서 작품을 고려할 때 이미 존재하는 작품과 새롭게 작품을 창작해 초연하는 것을 두고 고민하게 됩니다. 후자의 경우, 상당한 기간이 소요되는 '창작 작품 개발'이라는 단계가 먼저 이뤄집니다. 특히 창작 오페라는 대본 및 작곡의 두 가지 영역을 함께 창작하며 하나로 결합해야 하기에 작업 난이도가 상당합니다. 이에 대한 독자들의 효과적인 이해를 위해 한국 창작 오페라 개발 사례 중 '세종 카메라타'를 중심으로 살펴보겠습니다.

세종 카메라타 프로세스

✦

세종 카메라타는 지난 2012년 세종문화회관 서울시오페라단에서 당시 이건용 예술감독의 주도 아래 일종의 연구 모임으로 출발했습니다. 작곡가와 대본가의 단순한 만남을 넘어 체계적인 시스템을 통해 작품을 개발하고 이후 지속적인 수정·보완을 거쳐 공연 레퍼토리화되는 선순환 구조를 시도했습니다. 시작 당시, '작곡가와 대본가는 서로의 말과 음악을 이해할 수 있어야 한다'는 방향 아래 총 8명의 작곡가와 대본가들이 모여 다음과 같은 과정을 거쳤습니다.

① 정기 워크숍

작곡가와 대본가가 함께 모여 주제별 발표, 연구가 월 1회씩 이뤄집니다. 이때 기존의 작품에 대한 의견을 나누거나 고전 오페라 또는 창작 오페라를 택해 분석을 하게 됩니다. 이러한 워크숍을 지속하면서 자연스럽게 함께 작업할 팀이 매칭되어 새로운 작품 개발에 돌입합니다.

② 대본 리딩

각기 다른 한 팀으로 매칭된 작곡가·대본가가 함께 창작한 1차 작품을 보완하기 위한 첫 순서입니다. 각 작품의 대본을 말 그대로 읽으면서 창작 오페라로서의 주제나 장르 적합성 여부를 함께 살펴봅니다. 필요에 따라 공연예술 관계자, 평론가 등을 초대해 함께 의견을 나누기도 합니다.

③ 리딩 공연

대본 리딩을 통해 수정·보완을 거친 작품들은 리딩 공연을 하게 됩니다. 분야 전문가 및 관계자, 관심 있는 일반 대중이 관객으로 참석해 공연을 관람합니다. 공연 종료 후에는 작곡가·대본가와 소통의 자리가 마련되어 관객과 상호 의견을 충분하게 제시할 수도 있습니다. 다양한 의견을 수렴해 리딩 공연된 작품 가운데 최종 공연 프로덕션으로 만들 작품을 선정합니다.

④ 프로덕션 초연

최종 선정된 작품은 리딩 공연에서 나온 다양한 의견을 수렴해 다시 수정·보완 작업을 거칩니다. 프로덕션 초연 이후에도 다시 수정·보완

세종 카메라타 리딩 공연 모습

세종 카메라타로 레퍼토리화 된 최우정 작곡·고연옥 대본의 오페라 〈달이 물로 걸어오듯〉

작업이 거듭되며 재공연을 통해 레퍼토리로 안착하게 됩니다.

세종 카메라타는 약 7년간 운영되면서 신작 10편을 개발했고, 이 가운데 작품 3편이 공연화되면서 오페라 창작 개발의 우수 사례로 호평을 받았습니다. 여기서 주목해야 할 부분은 작품의 양뿐만 아니라 질적인 차원입니다. 세종 카메라타는 작곡과 극작이라는 서로 다른 예술 분야를 서서히 이해하고 습득하는 시간과 환경을 조성했기에 실제 창작 단계에서 예술가 사이의 두터운 신뢰 관계를 바탕으로 작품을 완성할 수 있었습니다. 창작 소요 기간을 넉넉하게 두고, 여러 차례에 걸쳐

수정·보완을 거친 점도 예술가들에게 큰 이점으로 작용했습니다. 공연
화에 급급한 나머지 시간에 쫓겨 실수가 생기거나 완성도가 떨어지는
문제를 예방한 것입니다. 세종 카메라타 시스템은 창작 개발뿐만 아니
라 제작 과정에도 장점으로 작용했습니다. 창작진의 작품 의도와 특성
을 프로덕션 단계에서 제작진이 효과적으로 파악하고 소통할 수 있었
기에 초연임에도 안정적인 운영이 가능했습니다.

　세종 카메라타 사례를 통해 종합예술 장르의 창작 개발 단계에는 서
로 결합되는 예술 분야에 대한 심층적인 이해와 장기간에 걸친 체계적
인 검증 시스템, 지속적인 수정·보완을 통한 재공연을 염두하고 시작
하는 것이 무엇보다 중요하다는 것을 알 수 있습니다.

레퍼토리 시스템Repertory System

새롭게 창작·개발된 작품이 레퍼토리로 안착하는 과정은 무척 중요합니다. 한 작품이 여러 번 공연되는 과정을 거듭하면서 자연스레 이뤄지는 수정·보완 작업으로 인해 작품의 완성도와 출연진의 예술적 기량은 더욱 높아지게 됩니다. 또한 이것은 극장이 우수한 작품을 지속적으로 공연할 수 있는 시스템과 맞물려 있습니다. 자체 보유한 작품들이 점차 늘어나면서 여러 공연을 일정 기간에 걸쳐 다양하게 선보이는 방식을 통해 관객 역시 공연 감상의 새로운 매력을 느낄 수 있게 됩니다.

이와 같은 운영 방식을 '레퍼토리 시스템Repertory System'이라고 합니다. 주로 유럽의 극장에서 일정 기간 동안 몇 개의 작품을 번갈아 공연하거나, 한 작품이 끝난 뒤에 바로 뒤이어 다른 작품을 공연하는 방식으로 이뤄집니다. 한국에서는 공공극장 가운데 산하 예술 단체를 두고 자체 제작 공연을 선보이는 세종문화회관이나 국립극장이 레퍼토리 시스템을 표방하는 시즌제를 운영하고 있습니다. 한 시즌 내에 기존에 제작된 작품과 새로운 작품을 적절하게 안배해 다양한 장르의 작품을 선보인다는 점, 사전 프로그램 기획을 통해 홍보·마케팅에 주력할 수 있는 것이 특징입니다. 하지만 우리나라 공공극장은 해외와 다른 구조와 상황에 처해 있기에 구체적인 운영 방식에는 약간의 차이가 있습니다.

우리나라에서는 세종 카메라타와 같은 창작·개발 시스템을 통해 탄생한 작품과 공연들이 제작극장 시스템과 어우러져 오랫동안 사랑받는 장기 레퍼토리로 안착하는 것이 매우 이상적인 모델이라고 볼 수 있겠습니다.

5장

프로덕션
조직

여러 과정을 통해 결정된 컨셉과 전략을 토대로 공연을 실현하기 위한 구체적인 실행 계획을 세워봅시다. 그중에서도 프로덕션에 참여하는 예술가들을 섭외하고 협업할 수 있는 여건을 만드는 일은 정말 중요합니다. 이번에는 프로덕션에 존재하는 각 파트별 역할과 참여자 섭외를 중심으로 살펴보고자 합니다. 더불어 독자들의 이해를 돕기 위해 종합예술로써 다양한 파트가 투입되고 작품 개발 과정이 포함되는 한국 창작 오페라 프로덕션을 전제로 이야기를 진행하겠습니다.

기획

✦

예술감독 · 제작감독

예술감독과 제작감독은 프로덕션 상황에 따라 달라집니다. 프로덕션 내에 존재하는 경우, 예술감독은 프로덕션을 기획하는 주최 측이나 예술단체의 단장, 상임 또는 비상임 감독으로 소속되어 있으며, 제작감독 역시 동일합니다. 예술단체에 소속된 단장이나 감독이 부재한 경우 프로덕션의 필요 때문에 별도로 위촉되는 경우도 있습니다.

예술감독

프로덕션 제작 과정에서 예술 부문을 진두지휘합니다. 예를 들어 예술감독이 단체에 소속된 경우라면 기획팀과 작품을 선정하고 제작진과 출연진을 결정하는 과정을 주도합니다. 또한 음악 파트와 연출 파트를 아우르며 조화를 이루도록 조율하는 중대한 역할 또한 맡겨집니다.

제작감독

프로덕션 제작 과정에서 제작 방향을 제시합니다. 제작 비용의 효율성을 극대화하면서 여러 파트의 기술적인 작업 진행 사항 및 제작 일정 전반을 관리 · 감독합니다. 종합예술장르는 복잡다단한 제작 과정을 수반하기에 공연의 완성도를 높이기 위한 제작 노하우를 갖고 총책임을 맡은 제작감독의 역할이 중요합니다. 특히 프로덕션에서 해외 출신의 연출가를 섭외한 경우 그 중요성은 더욱 배가 됩니다.

오페라 프로덕션은 짧게는 수개월, 길게는 몇 년이 소요되는 장기 프로젝트입니다. 각 파트별로 수많은 사람들이 힘을 모아 무형의 상태에서 유형의 예술 상품을 만드는 작업인 만큼 예상치 못한 문제들도 종종 발생합니다. 예를 들어 참여하는 예술가 간의 견해 차이로 인한 갈등부터 무대 안팎에서 벌어지는 안전 문제, 예술가의 갑작스러운 컨디션 난조로 인한 돌발상황, 팬데믹과 같은 천재지변 상황들이 모두 프로덕션에는 위협이 됩니다. 예술감독과 제작감독은 모두가 어려워하는 상황에서 문제에 굳건히 대처하고 돌파하는 실력과 자질을 갖춰야 합니다. 또한 하나의 공연을 위해 프로덕션에 참여하는 수많은 예술가와 스태프들이 각자의 기량을 마음껏 펼치며 조화를 이루기 위한 소통 능력과 탁월한 리더십이 필요합니다.

기획 프로듀서

기획 프로듀서는 대개 프로덕션의 시작인 기획부터 마지막 정산까지의 큰 흐름을 주도하는 역할을 합니다. 기획 프로듀서에게 가장 중요한 업무는 공연의 컨셉 설정 외에도 각 단계별 구체적인 목표와 그에 따른 실행 계획, 일정 등을 설정하고 관련 담당자들과 수시로 소통, 조율하면서 제작 과정 전반이 원활하게 진행되도록 이끌어가는 것입니다. 굳이 업무 영역을 세분화하면 기획 이후의 후반부는 프로듀서 영역이나, 실제로 우리나라에서 상당한 인력을 갖고 철저한 기획·제작 시스템을 갖춘 예술 단체 또는 극장이 아니라면 소위 '기획 프로듀서'가 말 그대로 '기획'과 '제작'을 아우르며 업무를 수행하는 경우가 많습니다. 본 책에서는 공연 프로덕션이 움직이도록 전반적으로 개입하고 운영하는 역할을 기획 프로듀서가 맡은 것으로 설정하고 이야기를 진행하고 있습니다.

무엇보다 기획 프로듀서에게는 프로덕션을 운영하는 과정에서 발생될 문제를 사전에 예측하는 통찰력과 이미 발생한 문제에 대처하는 순발력이 중요합니다. 이를 위해 기본적으로 제작진, 출연진, 협력 업체 등 각기 다른 참여자들에게 애로사항은 없는지 수시로 확인하고 피드백을 주고받으면서 프로덕션의 살림을 꾸려나가는 역할을 한다고 말할 수 있습니다.

창작진

✦

작곡가·대본가

프로덕션에서 창작 오페라를 새롭게 개발하는 경우, 가장 먼저 창작 파트를 맡는 작곡가 및 대본가 선정에 심혈을 기울이게 됩니다. 이들을 섭외하는 방법으로 크게 세 가지를 생각해 볼 수 있습니다.

첫째, 작곡가와 대본가를 각각 위촉하는 방법입니다. 외부 전문가를 중심으로 추천위원회를 조직해 위원들의 추천을 통해 구성하거나, 또는 예술감독을 주축으로 기획팀에서 위촉할 수도 있습니다. 위촉 후보자 명단이 정리되었다면 개별 프로필을 기반으로 기존 작품을 꼼꼼히 살펴본 후, 현재 프로덕션의 방향성에 가장 부합하면서 최선으로 창작

할 수 있는 사람들로 결정합니다. 이때 각각 위촉된 작곡가와 대본가의 협업이 원활하다면 별문제가 없겠지만, 작품을 개발하는 과정에서 서로 견해가 맞지 않아 곤혹스러운 상황이 생길 수도 있다는 점을 염두하고 있어야 합니다.

둘째, 작곡가와 대본가를 공모할 수도 있습니다. 작품 소재, 공연 개요, 심사 사항 등 공개할 수 있는 정보를 상세히 담아 공모를 진행합니다. 이때 작곡가 1명과 대본가 1명이 한 팀을 이뤄 지원하거나 각각 개별적으로 지원하는 방법을 고려할 수 있습니다. 이후 여러 차례에 걸친 심사를 통해 최종 인원을 선발합니다. 이와 같은 방식으로 기존 공연예술계에 잘 알려지지 않은 기성 및 신인 예술가를 발굴할 수 있습니다.

셋째, 작곡가와 대본가 중 한 명을 먼저 위촉한 뒤, 그로부터 상대 파트를 추천받는 방법입니다. 예를 들어 프로덕션에서 작곡가를 먼저 위촉한 경우, 작곡가로부터 협업을 선호하는 대본가를 추천받아 위촉하는 것입니다. 창작자들의 원활한 협업을 통해 최상의 작품을 기대할 수 있는 환경을 의도적으로 조성하는 방식이라고 할 수 있습니다.

한국 창작 오페라는 특성상 음악과 극의 조화와 일체감이 중요하며, 작곡가와 대본가 사이의 예술적 성향과 친밀도가 상당한 영향을 끼치게 됩니다. 기술적으로는 가수가 한국어 텍스트를 정확하게, 음정을 실어 노래로 표현하기 때문에 아주 세밀한 부분까지도 서로 논의하고 협업할 수 있어야 합니다. 개인적인 경험에 비춰볼 때 위의 세 가지 방법 중 '창작자의 일부 위촉 및 일부 추천 방식'이 정해진 기간 내 효과적인 작품 개발로 이어질 수 있었습니다.

제작진

✦

음악

음악 파트를 맡을 예술가를 섭외할 때는 작품의 언어, 예술가의 주요 레퍼토리 등을 종합적으로 고려하게 됩니다. 효과적인 팀워크를 위해 지휘자를 먼저 섭외하여 나머지 파트의 후보 추천을 받는 등 여러 방법을 검토하는 것이 좋습니다.

지휘자

공연의 음악을 총책임지며, 오케스트라 피트에서 지휘로 오케스트라뿐 아니라 무대 위 성악가, 합창단과 호흡을 맞추며 음악 전체를 이끌어갑니다. 지휘자는 작품의 음악을 본인의 해석에 따라 연주의 박자, 리듬뿐 아니라 강약을 통한 대비 등을 다양하게 만들고 표현하는데, 음악 외에도 다양한 요소가 결합하는 오페라 특성 상 연출가, 가수 등과 함께 논의를 거쳐 최종으로 완성합니다. 특히 부지휘자와 함께 제작 과정에서 가수, 오케스트라, 합창단을 숙련시키는데 힘을 기울이며, 최상의 음악을 관객에게 선보이는 역할을 합니다.

음악 코치

지휘자를 도우면서 음악을 완성하는데 함께 기여합니다. 지휘자의 음악 해설을 기준으로 가수의 음악을 연습시키며, 가수의 음정과 박자를 지도하는 등 공연 직전 리허설에서도 지휘자를 도와 디테일을 완성

오페라 공연의 음악을 총책임지는 지휘자

하는 데 중요한 역할을 합니다. 음악 코치는 전문성에 따라 음악뿐 아니라 가수가 놓치기 쉬운 언어 딕션까지 조언할 수도 있습니다. 지휘자와 세밀하게 협업하며 음악 해석에 같은 시선을 두고 소통까지 원활하다면 더욱 좋습니다.

합창 지휘자

작품 규모에 따라 합창단이 등장할 경우, 합창단의 음악을 별도로 맡아 완성하는 역할을 맡습니다. 합창이 등장하는 장면마다 성부, 인원수가 다르기에 합창 지휘자는 지휘자, 연출가와 함께 상의하면서 연습을 진행합니다. 이외에 지휘자와 음악 코치를 도와 연습 과정에 필요한 피아니스트를 함께 섭외하기도 합니다.

연출

무대 위 출연진의 동선과 연기 등은 연출가가 주축이 되어 창작하게 됩니다. 여기에 드라마투르그, 안무가, 디자이너 등이 함께 창작에 동참합니다. 연출가는 드라마투르그와 작품에 담긴 의미와 해석을 중심으로 한 내적인 측면을 다루고, 안무가, 디자이너와는 작품을 무대에 시각화하며 표현하는 외적인 측면을 창작해 나갑니다.

연출가

공연에서 극을 총책임지며, 전체적인 그림을 그려내는 역할을 합니다. 원작이 제시하는 극의 흐름과 맥락을 짚어내며 자신만의 해석을 통

원작에 자신만의 해석을 더해 무대 위
전체적인 그림을 만드는 연출가

해 무대 위에 연출로 선보입니다. 이를 위해 출연진의 연기, 동선에 이르는 구체적인 사항부터 무대 위에 드러나는 전반적인 디자인을 구상하고 제시합니다. 지휘자가 악보에 제시된 음악과 가사를 기반으로 해석을 더한다면, 연출가는 극의 흐름에 따라 텅 빈 무대에 각 장면에 필요한 모든 요소를 새롭게 상상하면서 하나의 그림을 완성시킵니다. 때문에 공연하려는 작품에 정통한 연출가를 우선 고려하게 됩니다. 한편, 연출가를 도와 무대 위 동선, 연기 지도 등을 보조하는 연출팀 스태프의 경우 원활한 협업을 위해 연출가가 먼저 섭외할 수 있게 합니다. 차선책으로 프로덕션을 기획하는 주최 측에서 그간 경험을 쌓은 스태프를 추천하는 방안도 있습니다.

드라마투르그

독일의 연극 프로덕션에서 시작된 드라마투르그Dramaturg는 우리말로 '극작술 연구'라고 표현되기도 합니다. 희곡 창작 및 제작 과정에 함께하면서 문학·역사·사회 차원의 관점에서 작품을 분석하고 예술가에게 다양한 통찰력을 제시하는 역할을 합니다. 드라마투르그의 조사와 해석을 통해 출연진은 작품과 캐릭터를 깊이 이해할 수 있습니다. 이 점을 감안해 대체로 문학에 대해 심도 있게 연구한 학자나 비평가들이 물망에 오릅니다. 해외 작품을 공연할 경우 해당 언어에 능통한 전문가를 섭외하게 됩니다. 작품의 언어에 담긴 문화적인 의미까지 함께 전달하기 위해서입니다. 창작 오페라 작업에서는 대본가의 창작 작업부터 참여해 시대 배경이나 작품이 처한 다양한 환경을 살피고 놓치기 쉬운 부분을 조언합니다.

안무가

창작 오페라의 경우 작곡가 구상에 따라 다르지만, 일부 작곡가는 작곡 당시에 의도적으로 무용 장면을 만듭니다. 한편 이미 완성된 작품에 무용 장면이 따로 명기되어 있지 않지만, 연출가가 극의 흐름에 따라 무용 장면을 넣는 경우도 많습니다. 안무가는 작품과 연출 의도에 따라 무용을 비롯해 동적인 움직임이 필요한 장면에서 표현될 동작

을 창작합니다. 안무를 통해 관객은 극 중 장면을 더욱 깊게 이해할 수
있으며, 때로는 무용수의 화려한 움직임에 시각적인 아름다움을 느끼
기도 합니다. 특히 오페라 공연에서 안무가들은 동작 자체를 돋보이게
하는 것보다, 음악과 극에 자연스럽게 스며들면서 극의 다양한 요소와
조화를 이루어 관객 몰입감을 높이는 것을 중요하게 생각합니다.

지휘 vs. 연출, 어느 역할이 더 중요할까?

오페라 관객 사이에서 자주 등장하는 질문이 있습니다. '지휘자와 연출가
중 누가 더 중요한가'라는 것입니다. "오페라는 음악을 비중 있게 다루니 지
휘자가 더 중요하다", "극의 이해를 위해서는 내용을 시각적으로 전달하는
요소가 중요하니 연출가의 영역이 더 크다"라는 의견이 치열하게 대립하는
경우가 많습니다. 더 나아가 "프로필에 이력이 많은 사람이 우선이다", "나이
많은 사람을 더 우대해야 한다"라는 등의 의견도 종종 등장합니다.

실제로 프로덕션 전 과정을 살펴보면 음악과 연출 파트 가운데 무엇 하
나 중요하지 않은 부분은 없습니다. 극과 음악의 조화를 중시하는 것이 오
페라 장르 특성인 만큼 이를 염두에 두고 표현하는 지휘자와 연출가가 가장
이상적인 조합이라 하겠습니다. 어느 한 파트의 예술적 기량만을 중시한 나
머지 전체적인 조화를 깨뜨릴 정도로 두드러지는 것은 바람직하지 않습니
다. 그렇기에 앞으로 오페라를 감상할 때는 극과 음악의 조화를 최우선으
로 두고, 지휘자와 연출가 모두의 해석과 표현력에 집중하면서 오롯이 하나
의 공연으로 감상하면 좋겠습니다.

디자인
✦

무대 디자인

공연이 시작되면서 관객은 가장 먼저 무대를 바라보게 됩니다. 강력한 시각 요소인 무대 세트를 통해 작품의 배경과 시공간을 파악하면서 이해와 감상이 더해지기에 그 중요성이 매우 높습니다. 무대 디자이너는 연출가가 의도하는 작품의 컨셉을 확인하고, 여기에 자신만의 해석을 더해 무대를 디자인합니다. 무대 미술과 조명, 영상 디자인의 조화를 통해 극의 몰입도가 더욱 깊어지기에, 작품에 설정된 시대 배경을 기반으로 각 장과 막의 장소, 상황 전개 등을 고려해 다양한 무대 세트와 장치를 스케치하고 도면 작업을 합니다. 무대 디자이너는 세트뿐 아니라 대도구도 함께 디자인합니다.

무대 디자인 스케치 모습

조명 디자인

작품의 배경이 되는 시간과 공간 분위기, 등장인물의 심리와 갈등 등을 조명 디자인은 빛의 색채로 디자인해 상징적으로 표현합니다. 조명 디자이너는 대개 연출가와 무대 디자이너가 협의한 무대 디자인을 토대로 작품을 분석하며, 특히 오페라에서는 극과 음악을 모두 염두에 두고 가수들의 동선, 무대 전환, 장면 변화 등을 모두 디자인에 반영합니다. 또한 조명에 따라 달라지는 세트, 의상 등의 특성을 고려해 재질과 질감을 잘 살릴 수 있는 빛의 각도와 방향을 설정해 무대의 다양한 요소와 조화를 이루면서 작품의 의도를 효과적으로 전달합니다.

영상 디자인

오늘날 공연에서 영상 디자인은 다채롭게 활용되고 있습니다. 세트나 장치만으로는 다 표현하기 어려운 움직임과 배경 전환을 표현하며 가상의 존재를 무대에 등장시키기도 합니다. 때로는 시공간을 초월한 개념을 표현하며 작품을 효과적으로 이해하는 데 결정적인 역할을 합니다. 공연에 등장하는 영상의 대부분은 극적 흐름뿐 아니라 소리에 반응하면서 움직임을 가지므로, 특히 오페라 공연에서는 영상 디자이너의 음악에 대한 이해와 분석이 중요합니다.

의상 디자인

공연 내내 출연진이 착용하고 있는 의상 역시 관객들에게 화제가 되는 부분입니다. 특정 시대를 배경으로 하는 공연 연출의 경우 당대의 복

의상 디자인 스케치

식문화를 조사해 반영한 의상을 선보이거나, 역사적 고증과 별개로 디자이너의 상상력으로 만들어낸 의상과 장신구를 등장시켜 작품의 감상을 더해줍니다. 의상은 등장인물의 나이, 신분 등과 같은 외적 요소뿐 아니라 성격, 심리 등 내적 요소까지도 상징적으로 표현하며 극의 몰입도를 더욱 높이는 요소가 됩니다.

분장 디자인

무대 위 등장인물의 의상 밖으로 노출된 모든 피부는 분장의 대상이 됩니다. 분장은 조명, 의상과 밀접한 관계를 맺고 있으며, 인물의 외적인 요소뿐 아니라 그가 처한 상황, 다른 인물과의 관계 등 인물이 가진 서사를 압축적으로 표현하게 됩니다. 때문에 분장 디자이너는 연출 의도는 물론 작품 분석, 조사를 통해 극 중 인물들의 캐릭터를 구축하면서 의상, 장신구 디자인까지 고려해 분장 디자인을 하게 됩니다. 이외에 독특한 캐릭터나 몸에 묻어나는 피와 같은 특수한 장면 등을 연출하기 위해서는 별도의 특수 분장 과정을 거쳐 보다 실감 나게 표현하게 됩니다.

출연진
✦

공연 프로덕션에는 무대에 실제로 출연하는 예술가, 즉 출연자가 있습니다. 공연의 음악, 연출, 시각 디자인 영역의 예술적 표현을 구상하는 것이 제작진의 몫이라면, 출연진은 몸소 무대에 올라 직접 실연하고 더 나아가 관객과 함께 호흡하며 극의 몰입감을 더하는 역할을 맡습니다. 제작진의 의도를 한껏 살리며 무대 위에서 탁월한 존재감으로 관객을 주목시켜야 하기에 그 중요성이 매우 클 수밖에 없습니다.

공연 프로덕션 역시 사람과 사람이 만나 작업하는 과정이기에, 누구를 섭외하느냐는 공연의 우수성뿐 아니라 제작 전반에 영향을 끼칩니다. 훗날 공연을 감상하는 예민한 관객이라면 이러한 팀워크를 은연중에 느낄 수도 있습니다.

오페라 공연 출연진에는 개인 단위의 가수, 연기자뿐 아니라 오케스트라, 합창단, 무용단과 같은 단체들이 포함됩니다. 이들을 섭외할 때는 기본적으로 우수한 기량과 맡은 배역에 정통한 실력을 갖추고 있는지를 고려합니다.

오페라 가수

자신이 맡은 공연 속 캐릭터를 노래와 연기로 어떻게 소화하느냐가 중요합니다. 초연하는 창작 오페라를 맡은 가수의 경우, 관객이 한 번도 경험한 적 없는 음악과 극을 선보여야 하기에 더욱 부담스러울 수 있습니다. 또한 자신도 생소한 캐릭터를 주어진 기간 내 무대 위에서 관객과 자연스럽게 호흡할 수 있을 정도로 완벽에 가깝게 숙지하기란 쉬운 일이 아닙니다.

혹자는 '한국 창작 오페라는 한국어로 노래하니 수월한 것 아닌가?'라고 생각할 수 있습니다. 실제로 한국어는 많은 모음과 자음을 가졌으며 어순·강세·고저 등에서 외국어와 상당히 다른 구조를 지닌 언어로 알려져 있습니다. 우리말에서 많이 등장하는 '의' 발음, 받침이 있는 '을' '를'의 경우가 그러합니다. 한국어로 말할 때와 달리 성악 발성으로 노래할 때는 입안에서 다른 구조를 만들어내야 노래가 되고 가사 전달도 분명해집니다. 이로 인해 한국어 딕션을 정확하게 구사하기 위한 가수들의 연구와 노력, 연습이 필요합니다. 작곡가와 대본가 역시 한국어의 장음과 단음 등과 같은 언어 특성을 깊이 있게 연구하며 작품을 만들게 됩니다.

한편, 가수들은 공식 오디션을 통해 발탁되기도 합니다. 배역, 곡목 등을 공고 후 단계별 심사 과정을 거치면서 뜻밖의 좋은 가수를 발굴할 수도 있습니다. 신인이거나 또는 해외에서 활동하면서 국내에 이름이 잘 알려지지 않은 가수의 경우가 여기에 해당합니다.

예술단체

오케스트라

오페라 공연에서 음악을 라이브로 연주하는 오케스트라는 작곡가의 오케스트레이션에 따라 다양하게 편성됩니다. 공연 내내 무대 아래 오케스트라 피트에 자리하니 객석에서는 이들의 모습을 보기가 어려

오케스트라 피트 모습

2부. 프리 프로덕션: 성공적인 공연의 태동

워 그 중요성을 간과할 때도 있습니다. 반면 우리나라에 비해 오페라 공연이 활발한 해외에서는 극장에 소속되어 오페라 공연을 전담하는 오케스트라가 있을 정도로 주목받는 자리이기도 합니다. 오페라는 음악이 라이브로 연주되기에 공연 관람 시 극적인 몰입도가 더욱 높아지는 효과가 있습니다. 지휘에 따라 연주가 이뤄지므로 오케스트라 섭외 시 지휘자의 음악 분석 및 의도를 잘 따를 수 있는 단체를 고려하는 것이 좋습니다.

합창단·무용단·연기 앙상블

무대 위에 가수들이 등장하는 장면과 별개로 합창 앙상블 장면이 있다면 별도의 합창단이 참여합니다. 섭외 시 그간 공연 실적, 단원 구성 등을 참고하며 지휘자의 추천에 따르는 경우가 많습니다. 극의 흐름에 따라 주요 등장인물의 상황을 드러내거나 사건을 고조시키는 등 움직임과 동작으로 극적 효과를 만들어내는 무용단, 연기 앙상블은 연출가 의견을 중심으로 섭외하게 됩니다.

오디션, 어떻게 진행할까?

공연 무대에 설 출연자를 캐스팅할 때 공식 오디션을 활용하는 경우가 있습니다. 오페라의 경우, 기획 단계에서 주로 더블 캐스팅을 염두에 두는데, 한 팀은 기성 오페라 가수로 별도 섭외를 하고, 다른 한 팀은 공식 오디션을 거쳐 발탁하는 경우가 있습니다. 오페라 프로덕션의 공식 오디션은 대개 다음과 같이 진행됩니다.

오페라 프로덕션 공식 오디션 절차

① 오디션 계획 수립

② 심사위원 위촉(내부)

③ 오디션 공고(외부)

    – 공연 개요(작품명, 일시, 장소)

    – 오디션 기본 사항(일시, 장소, 배역, 활동 영상 포트폴리오, 2차 심사 곡목 등)

    – 지정곡 1, 자유곡 1곡 등 심사 곡목 안내(지정곡은 통상 공연 작품 중 특정 배역 아리아를 지정)

④ 오디션 홍보 (해외에 있는 가수들도 참여할 수 있도록 홍보 기간을 여유롭게 가짐)

⑤ 1차 서류 전형 및 1차 합격자 발표

⑥ 2차 실기 전형(지정곡, 자유곡) 및 최종 합격자 발표

    실제로 오디션 과정을 거치면서 극 중 배역과 소리에 부합하는 오페라 가수를 발굴할 때가 많습니다. 신인이거나 혹은 주로 해외에서 활동하여 국내에 잘 알려지지 않은 오페라 가수에게 공식 오디션은 국내 데뷔할 수 있는 좋은 기회입니다. 프로덕션에서 출연 가수를 섭외할 때는 공식 오디션을 고려하는 것을 적극 권장합니다.

스태프

✦

관객의 시선이 머무는 무대에 출연진이 있다면, 그 너머에는 다양한 영역에서 활약하는 스태프가 있습니다. 객석에서는 공연 중 얼마나 많은 인원이 고군분투 중인지 거의 보이지 않아 이들의 역할을 제대로 알기란 쉽지 않습니다. 지금부터 파트별 스태프에 관해 살펴보겠습니다.

연출팀

종합예술 장르인 뮤지컬이나 오페라 공연이 대규모로 진행될 경우, 무대 위에 최소 100명 이상의 출연자가 등장하는 경우가 많습니다. 그래서 연습 기간 중 연출가의 머릿속에 있는 장면을 잘 정리해 전달하며 리허설의 완성도를 높이는 것이 무척 중요합니다. 연출가 곁에서 이것을 함께 진행하는 사람들이 있습니다. 조연출은 연출가가 제시하는 동선, 연기 등을 정확히 파악해 연습 및 리허설의 원활한 진행을 이끌고 스케줄을 관리합니다. 실제적이고 자세한 내용이 빈번하게 오가는 만큼 프로덕션 규모에 따라 조연출보가 더해져 업무를 함께 진행합니다.

무대팀

무대팀을 이끄는 무대감독은 무대에 벌어지는 모든 사항에 대한 총책임을 맡습니다. 무대 셋업부터 무대 리허설, 본공연, 그리고 무대 철수에 이르는 모든 과정을 전적으로 맡아 관리·감독합니다. 무대에서 발생하는 전반적인 사항뿐 아니라 연습 과정에서 약속된 부분이 무대 리허설에서 변경될 때 무대감독과 논의하면서 결정되고 다시 출연진과 스태프에게 공유됩니다. 본공연 중 무대감독은 공연의 실시간 장면 변경 및 주요 타이밍에 큐사인을 보내면서 원활하게 진행하는 능력을 겸비해야 합니다.

　무대 위에서의 모든 움직임은 단순한 미장센mise-en-scène의 변화뿐 아니라 출연진의 안전과도 직결되기에 더욱 예민하게 다뤄지는 영역입니다. 무대감독 곁에는 다양한 역할을 보좌하는 무대조감독이 함께 하며 각각의 막과 장별로 무대를 신속, 정확하게 전환하는 무대전환 스태프들이 팀을 이루어 활약합니다.

조명팀

조명 디자이너를 주축으로 팀이 구성되며 조명 오퍼레이터가 디자인된 조명을 메모리하고 조정하면서 조명 디자이너를 실질적으로 보좌합니다. 이외에 무대에 조명을 걸고 철수하는 과정에 참여하는 스태프들이 있습니다.

영상팀

공연에서 영상을 활용할 때, 영상 디자인을 기술적으로 보좌하는 스태프와 오퍼레이터 등이 한 팀으로 구성됩니다. 영상 디자이너가 연출 의도에 따라 세트로 표현하기 어려운 시공간이나 특수한 효과를 영상으로 디자인 작업한 것을 영상 오퍼레이터가 본공연에서 순서에 따라 메모리한 큐대로 전환하며 진행하는 역할을 맡습니다.

음향팀

공연에서도 장르 특성 또는 제작진의 의도에 따라 음향 사용의 유무가 달라집니다. 오페라에서는 가수의 육성을 그대로 관객에게 전달하기에 특수한 상황을 제외하면 별도의 음향 장치를 사용하지 않습니다. 다만 오페라 전용 극장이 아니거나 공간 음향이 부족한 경우, 또는 야외에서 공연할 때는 음향 장치를 활용합니다. 이외 극적 효과나 작품 전개 상

관객의 이해를 위해 필요한 특수음향의 경우, 사전 녹음을 통해 실제 공연 시 활용하게 됩니다.

의상팀

공연의 규모가 크고 출연자가 많을수록 의상도 늘어나게 됩니다. 또한 한 명의 출연자가 장면에 따라 여러 차례 의상을 교체하기에 모든 의상의 관리와 전환을 전적으로 담당하는 의상감독이 투입됩니다. 프로덕션을 기획한 예술단체 또는 공연장에 상주하는 의상감독이 있다면 직접 진행하며, 그렇지 않을 경우 의상 디자이너가 별도로 지정합니다. 의상감독과 함께 의상을 관리하는 스태프들은 본공연 중 정해진 장면에 따라 주역, 조역, 합창단, 무용단, 연기자 등 모든 출연진의 의상 전환을 담당합니다. 무대 뒤에서 짧은 시간 내에 의상을 갈아입어야 하는 상황이 빈번하기에 차질 없이 공연이 이뤄지도록 촉각을 곤두세우며 진행하게 됩니다. 또한 공연 기간 중 모든 의상에 문제가 없도록 전반적인 관리를 맡습니다.

분장·헤어팀

분장 디자이너를 중심으로 무대에 오르는 모든 출연진의 메이크업과 헤어 스타일링은 별도의 담당 스태프들이 책임집니다. 공연의 막과 장별로 의상이 변경될 때 분장과 헤어 또한 달라질 수 있으므로 디자이너의 지시에 따라 신속하게 진행하게 됩니다. 공연 특성에 따라 별도의 특수분장팀이 참여할 수도 있습니다.

무대·의상·소품 제작팀

각 파트별 디자이너가 제시한 디자인과 작업을 위한 세부내용을 기반으로 실물을 제작하는 별도의 팀이 존재합니다. 무대 세트의 경우 제작 예산이 상당하기에 일정 금액 이상의 비용이 요구되면, 공공단체나 기관에서는 입찰 과정을 통해 제작 업체를 선정, 계약하게 됩니다. 전반적인 무대 미장센이 돋보이는 것도 중요하지만 무대 시설은 출연진의 안전과 귀결되므로 이를 고려해 세심하게 작업하는 업체를 고려하는 것이 좋습니다. 의상 역시 디자이너의 디자인과 작업 세부 내용에 따라 별도의 제작팀이 담당하며, 일정 금액 이상의 제작 비용이 소요된다면 제작 업체 선정을 위한 입찰 과정을 거칩니다. 의상 제작 시, 기본적으로 모든 출연자의 신체 크기를 실측해 제작을 진행하며 대규모 공연의

무대 세트 제작소 전경

의상 제작소 모습

경우 출연자 1인당 여러 벌을 갈아입어 제작하는 수량이 많습니다. 이
외에 소품, 장신구 제작 역시 별도의 팀이 구성되며 사전에 제시되는 디
자인과 작업 세부 내용에 따라 제작됩니다.

자막

오페라 공연에서는 외국어뿐 아니라 한국어 노래를 부를 때도 자막을
함께 보여줍니다. 순식간에 흘러가는 노래나 대사를 시청각으로 동시
전달할 때 처음 접하는 관객도 더 효과적으로 장면을 이해하게 됩니다.
본공연 중 보조 화면에 띄우는 자막을 조정하는 자막 오퍼레이터는 악
보를 빠르게 확인하고 그에 맞춰 자막을 넘겨야 하기에, 주로 프로덕션
에서 반주를 맡은 피아니스트가 이 역할을 맡는 경우가 잦은 편입니다.

무대기술팀

공연장에 소속되어 무대를 관리하며 앞서 언급한 무대감독뿐 아니라 무대기계감독, 음향감독, 영상감독, 조명감독, 영상감독을 모두 포괄하는 팀입니다. 공연장이 보유한 기기의 특성과 시스템 등에 관한 매뉴얼을 가장 잘 파악하고 있기에 무대의 기술적인 부분에서 조력자 역할을 하게 됩니다. 때에 따라 프로덕션 내 디자인 파트에 투입되어 디자이너의 역할을 수행할 수도 있습니다.

파트 및 역할	담당자
기획 · 제작 총괄	예술감독, 제작감독, 기획 프로듀서
창작	작곡가, 대본가
음악연습	지휘자, 부지휘자, 음악 코치, 합창 지휘자, 피아니스트 외
연기연습	연출가, 드라마투르그, 안무가, 조연출, 조연출보 외
출연	주역 및 조역 가수, 합창단, 무용단, 연기자 외
디자인	무대, 의상, 소품, 장신구, 조명, 영상, 분장 외
디자인 제작	무대, 의상, 소품, 장신구 외
스태프	무대감독/무대조감독/무대전환팀, 의상감독/의상전환팀, 조명 오퍼레이터/조명팀, 영상 오퍼레이터/영상팀, 음향감독/음향팀, 분장 · 헤어팀 외
무대	무대기계감독, 각 파트별 감독 외
기타	자막 오퍼레이터, 특수음향효과팀, 특수분장팀 외

프로덕션 파트별 역할과 담당자 구분

2부. 프리 프로덕션: 성공적인 공연의 태동

예술가 섭외 시 고려할 가치

✦

앞서 공연 프로덕션에 참여하는 예술가는 누구이며, 역할은 무엇인지 파트별로 살펴봤습니다. 그렇다면 이번 프로덕션에는 어떤 예술가를 섭외하면 좋을까요?

스타급 유명 예술가를 모셔 온다면 좋겠지만 이들의 경우 출연료와 일정 등 협상해야 할 부분이 상당합니다. 더욱이 해외에서 활동하는 경우 이미 몇 년 치 스케줄이 정해졌기에 섭외 자체가 어려운 경우도 허다합니다. 프로덕션 내 파트 또는 사람마다, 상황에 따라 다양한 기준을 적용하는 것도 쉽지 않은 일입니다. 때문에 여기에서는 각 파트와 별개로 프로덕션에 필요한 예술가를 섭외할 때 먼저 고려해야 할 공통 가치에 관해 이야기하고자 합니다.

첫째, '전문성'을 갖춘 예술가를 최우선으로 고려합니다. 해당 파트에서 전문적인 실력을 갖춘 예술가를 두루 조사하되 현재 프로덕션의 방향성을 기준으로 포트폴리오를 살펴봅니다. 출연자를 섭외한다면 개인의 예술적 기량을 확인할 수 있는 영상도 있지만, 평소 무대에서의 기량이 어떠한지 관객으로서 미리 살펴보면 좋습니다. 제작 파트의 경우에도 과거 작업물이 상세히 담긴 포트폴리오 외에 공연을 직접 관람하면서 상세하게 파악했다면 섭외 결정에 도움이 될 것입니다.

둘째, '소통 능력'을 고려합니다. 평소 자신의 예술적 기량만을 고집하는 사람이라면 제작 과정에서 다른 영역과 조화를 이루기 쉽지 않겠지요. 충분하고 원활한 소통을 통해 프로덕션이 추구하는 목적과 작품

의도를 함께 실현할 수 있는 예술가는 모두에게 큰 힘이 됩니다.

셋째, '협업 능력'을 갖춘 예술가인지 살펴봅시다. 이것은 앞서 말한 전문성, 소통 능력을 동시에 갖췄다면 자연스럽게 발휘될 부분이기도 합니다. 공연 프로덕션은 각각의 파트에서 제작 과정을 진행하다가 어느 정도 완성도를 갖춘 후부터는 모든 파트를 하나씩 조합하게 됩니다. 이때 자신의 파트에만 열중한 나머지 전체적인 맥락을 놓친다면 하나의 공연을 완성하는 데 큰 어려움을 불러올 수 있습니다. 다른 파트와 협업을 통해 공동의 결과물을 만드는 데 익숙하거나 열린 마음을 갖고 있는지가 중요합니다.

마지막으로 '적극적인 시도'를 하는 예술가가 필요합니다. 예를 들어 작곡가라면 극의 흐름에 부합하는 선에서 새로운 형식의 음악을 선보이거나, 독특한 악기로 극을 두드러지게 표현할 수 있습니다. 연출가는 기존에 해왔던 연출 스타일 외에도 신선한 표현 방식을 과감하게 시도할 수도 있습니다. 한편 출연진 입장에서 제작진이 제시하는 새로운 예술 표현을 두고 회피하거나 무조건 따르기보다는 자신만의 개성과 아이디어를 더해 적극적인 소통으로 가능한 범위를 함께 찾아낸다면 더욱 견고한 작품을 만들 수 있을 것입니다.

이러한 예술가들이 모인 프로덕션은 공연의 목적과 컨셉이 보다 명확해지며 협업하는 과정 또한 즐겁습니다. 무대 안팎으로 혼연일체 된 공연은 관객의 눈에도 탁월함과 깊은 감동으로 다가오게 됩니다.

프로덕션 내부 소통, 어떻게 해야 효과적일까?

공연 프로덕션 운영에서 다양한 참여자들이 각자의 파트에서 최상의 예술을 표현할 수 있는 환경을 조성하는 것은 무척이나 중요합니다. 무엇보다 기획 프로듀서라면 각 예술가의 상황을 이해하고 필요한 사항을 최선을 다해 지원할 수 있어야 합니다. 이때 예술가의 작업 성향을 고려해 작품을 통해 전달하려는 메시지를 수시로 공유하면서 공동의 목적에 부합하는 결과물이 나올 수 있게 합니다.

원활한 프로덕션 운영을 위해 기본적으로 명확한 소통 체계를 구축하는 것이 무척 중요합니다. 대규모 공연일수록 많은 인원이 동시에 작업을 하다 보니 파트별로 발생되는 논의 사항을 누구와 어떻게 소통할지 분명하지 않아서 결정이 미뤄지거나 문제가 생기는 경우를 종종 보게 됩니다.

각 파트에서 진행되는 일정이나 결과물에 변동이 생길 경우, 해당 파트의 담당자는 책임자와 명확하게 논의하고 책임자는 추가 설성, 변경 사항을 모든 파트에 신속하게 공유하여 정보 미비로 다른 영역에 문제가 발생하지 않게 해야 합니다. 당연한 부분이지만 실제로 잘 이행되지 않아 어려움을 겪는 사례가 많습니다. 그 이유를 살펴보면, 매 상황마다 논의 대상자를 알지 못했다고 토로하는 경우가 있습니다. 이 때문에 프로덕션 시작 단계에 해당 파트의 담당자와 연결된 책임자를 상호 간 명확하게 공유하면서 소통 체계를 정리하는 것이 부족하나마 문제를 해소할 수 있는 방안입니다.

기획 프로듀서와 각 파트 담당자라면 예술가들이 자유롭게 예술적인 아이디어를 표현할 수 있도록 그들의 전문성을 존중하고 신뢰하는 것 역시 중요합니다. 만약 예술가들이 프로덕션 내 발생한 이슈나 갈등을 두고 상의할 경우, 그들의 의견을 충분히 듣고 다양한 입장을 고려해 대처하는 것이 좋습니다. 상호 간 존중과 신뢰를 통해 작업을 함께하는 동료에서 예술적 동질감을 가진 조력자로 나아가게 됩니다.

6장

예산
수립

공연 프로덕션 운영 방안과 함께 소요 예산을 책정하다 보면 '혹시 부족하지 않을까'하는 우려를 한 번쯤 하게 됩니다. 프로덕션이 지향하는 예술성과 결과물을 최대한 지원하고 싶어도 예산은 한정되어 있기에 늘 부족할 수밖에 없습니다. 결국 프리 프로덕션 단계에서 적정 예산을 마련하고 분배하는 작업은 차후 순조로운 제작과 운영을 위한 중요한 축이 됩니다. 이것은 기획 프로듀서의 개인 역량 및 전문성 평가와 연결되는 부분이기도 합니다. 이번 장에서는 예산 수립 시 고려해야 할 부분과 실제로 책정되는 항목을 중심으로 함께 살펴보겠습니다.

2부. 프리 프로덕션: 성공적인 공연의 태동

예산 수립 시 고려 사항

✦

현재성을 전제로 하는 공연예술은 시작부터 마지막까지 모두 실시간 라이브로 진행됩니다. 또한 한정된 시간과 공간에서 선보이는 최상의 예술을 위해, 많은 인원이 참여해 단계별로 섬세한 작업을 수행하게 됩니다. 이 모든 것은 예산을 증가시키는 요소입니다. 장르, 규모, 시기 등에 따라 필요한 항목 역시 달라지기에 통상적인 예산 수립 방식에 따라, 무엇을 어떻게 고려할지 이야기를 나눠봅시다.

시장 현황 조사

모든 예산서에는 산출 근거가 늘 따라붙습니다. 말 그대로 해당 금액이 계산된 근거를 제시하는 것으로, 업계 현황 파악 및 사전 견적서 등을 검토해 실제 집행될 비용과의 격차를 줄이는 것이 바람직합니다. 평소 기획하려는 공연 장르의 현장을 직접 찾아가 업계 동향을 분석하고 있다면 이 부분을 더욱 수월하게 진행할 수 있습니다. 실제로 다른 공연을 관람하며 특별히 매료된 예술가 또는 무대 장면을 기억해 두고 해당 부분의 제작 사항과 단가 등을 조사하는 방식을 예로 들 수 있습니다. 또한 책 초반에 언급한 공연 프로덕션 컨셉 도출을 위해 사전에 수집한 자료를 최대한 활용하는 방법도 있습니다. 인건비처럼 다소 예민한 부분은 직접 알아보기가 쉽지 않습니다. 이때는 평소 친분이 있는 기획자들을 통해 개인 정보가 허용되는 선에서 확인하는 방법을 시도해 볼 수도 있습니다.

항목별 지출 예산 수립

공연 프로덕션 소요 예산을 수립하면서 기획 프로듀서는 프로덕션 주최 측인 예술단체 또는 공연장의 예산 책임 부서 및 협조 부서 등과 대략적인 소요 예산에 관해 공유하고 사전 논의를 거칩니다. 특히 공공기관의 경우 중앙 부처나 지방 관할 시·군청에서 책정된 예산이 프로덕션 예산에 반영됩니다. 또한 전년도 예산 편성 및 최소 공연 6개월 전 세부 예산 편성 등의 과정을 거치게 됩니다. 추후 불가피하게 예산 전용·변경 시 상당히 많은 내부 결재 단계를 거치기에, 초기에 예산을 수립할 때 체계적이고 전략적으로 접근하는 것이 필요합니다.

예산 수립은 큰 단위의 항목부터 시작해 세세한 항목까지 나눠집니다. 과목과 세목을 구분하는 기준은 주최 및 예산 부처마다 다를 수 있습니다. 또한 프로덕션의 공연 규모, 제작 방식, 공연장 등과 환경 요소에 따라 예산에 책정하는 세부 항목이 현저히 달라지니 자신이 소속된 기관에서 이전에 진행한 내역을 미리 참고하는 것이 좋습니다.

예를 들어 큰 항목을 인건비, 제작비, 홍보비로 나눴다면 각 과목에 따른 세목을 분류합니다. 제작비의 세목으로는 대관료, 물품 제작비, 운송비, 보험료, 저작권료 등이 포함됩니다. 인건비는 창작진, 제작진, 출연진 등에게 지급하는 비용으로 구성됩니다. 이때 각각의 출연자 및 출연 단체가 공연에 참여하는 총횟수에 따라, 공연 회차를 기준으로 몇 명이 출연하는지를 구분하여 산출하는 것이 좋습니다. 또한 같은 역할이라도 맡은 사람의 경력, 제작 방식 등에 따라 인건비뿐 아니라 제작비도 변동되므로 프로덕션의 상황에 따라 어떤 선택을 할 것인지 신중히 고려해야 합니다.

 과목, 세목, 세세목을 구분해서 각 항목에 합당한 소요 비용을 신중하게 검토해 금액을 정합니다. 이때 불필요한 낭비가 없도록 실제로 소요될 예산만을 보수적으로 가늠하되, 만약에 대비한 별도의 예비비를 책정합니다. 기획 프로듀서나 기관 성향에 따라 예비비의 비율은 달라질 수 있으나 프로덕션 운영 과정에서 예상치 못한 변수는 늘 존재하므로 예산 차원에서 대비가 필요합니다.

 독자들의 이해를 돕기 위해 창작 오페라 프로덕션을 전제로 프로덕션 예산안 수립에 필요한 기본 항목의 일부를 다음의 표와 같이 정리해 보았습니다.

과목	세목	세세목 예시
인건비	창작비	작곡, 대본 외
	연출료	연출가, 조연출, 조연출보 외
	지휘료	지휘자, 부지휘자, 음악 코치, 반주자 외
	안무비	안무가, 조안무가 외
	출연료	출연 가수(주역 및 조역), 연기자, 무용단, 합창단, 오케스트라 외
	디자이너	무대디자인, 의상디자인, 조명디자인, 영상디자인, 소품디자인, 분장디자인 외
제작비	대관료	공연장 대관, 부대시설 사용 대관 외
	제작 재료비	무대제작, 의상제작, 소품제작, 영상제작 외
	분장비	분장 외

제작비	무대비	무대감독, 무대전환 스태프, 의상감독, 의상전환 스태프, 조명 오퍼레이터, 조명 스태프, 영상 오퍼레이터 외
	소모품비	비품 구입(악보 제작, 참고영상자료) 외
	운송비	화물 운송, 트럭 임차 외
	수수료	티켓 등 각종 수수료 및 사용료 외
	자문 용역비	평론 기고, 합평회 참석 전문가 외
홍보비	인쇄물	리플렛, 전단지, 프로그램북 디자인 및 인쇄 외
	사진·영상	홍보 사진, 광고용 영상 외
	대외 광고	옥외 광고물, 온라인 광고, 언론사 광고 외
	행사비	제작발표회 외
예비비		예비비 외

창작 오페라 프로덕션 예산안 예시

예술가 계약 협상

✦

다양한 조건을 고려해 세부 예산을 책정하면서 특히 신경 쓰는 것은 참여자 계약 관련 부분입니다. 최종 소요 예산 수립에는 프로덕션 내 인건비에 대한 실제적인 협상까지도 포함됩니다. 모든 참여자는 주최 측과 계약을 진행하면서 여러 조건을 조율하게 됩니다. 서로가 만족하는 최선의 조건을 정리하기까지 설득과 납득, 절충과 협의 과정이 여러 차례 오갑니다. 예술가에게 설득이 필요한 부분에 대해서는 앞서 조사하고 분석한 내용과 현장 자료를 제시하는 등 논리적인 근거를 잘 준비해야 합니다. 또한 자료에 민감한 개인 정보 및 계약 조항 침해 등이 없는지 사전 점검이 필요합니다.

계약 당사자 간 의견 차이가 발생하는 경우 서로의 상황을 감안하고 양보하며 최대한 간극을 좁혀가는 것이 좋습니다. 다만 심각한 의견 차이로 인해 도저히 협의가 되지 않는 조항으로 계약에 어려움이 발생한다면 해당 계약을 포기하고 차선책을 모색하는 것이 효과적입니다. 공연에 대한 욕심으로 무리한 계약을 성사했다가는 차후 프로덕션 진행 단계에서 더 큰 문제를 초래할 수 있습니다.

만약 계약상 조건이 어느 한쪽에 불리하게 설정될 경우, 불만이 쌓이면서 프로덕션 전체에 영향을 미치게 됩니다. 또는 애당초 이행하기 어려운 조건에 대해 계약 시 합의했지만 끝내 약속 이행이 되지 않아 법적 분쟁까지 일어날 수도 있습니다. 한편, 구두상의 계약을 소홀히 여기는 경우에도 문제가 발생합니다. 초기 협상 시, 구두 상 합의했지만 서면 계약서 상에 명기하지 않아 논란이 되면서 공연 개막 전 프로덕션에서 중도 하차하는 상황에 이르기도 합니다. 구두상 내용을 가급적 서면 계약으로 이행하는 것이 좋지만, 불가피할 경우 구두상의 계약이 효력을 가질 수 있도록 이메일과 같은 기록을 통해 상호 간 의견을 명확하게 정리하는 것이 매우 중요합니다.

목표 예상 수입 설정

✦

이제 프로덕션의 지출 예산을 고려해 티켓 판매 중심의 수입 예산 목표를 설정해 봅시다. 이 부분도 각 프로덕션의 상황에 따라 다를 수밖에 없습니다. 오페라 장르에서 작품 선정, 즉 고전 오페라와 창작 오페라를 두고 목표 수입을 설정할 때는 기획 프로듀서가 고려해야 할 측면에서 차이가 생깁니다.

이전에 상연됐던 고전 오페라의 경우, 대중 인지도 및 신뢰도가 높아 안정적인 티켓 판매가 가능할 것으로 예상하면서 목표 수입을 높게 설정할 수 있습니다. 반면 창작 오페라의 경우, 특히 초연이라면 홍보·마케팅 활동과 별개로 대중의 기본 이해가 상대적으로 부족하기에 티켓 수입을 긍정적으로 예측하기가 어렵습니다. 이러한 특성을 고려해 각 프로덕션의 지출 예산 금액이 같더라도 목표 수입에 대해서는 다르게 접근해야 합니다. 특히 창작 오페라를 기획할 때 처음부터 많은 수입을 거두겠다는 생각보다는 초연 이후 지속적인 공연을 통해 스테디셀러로 만들겠다는 점을 염두하면서 장기적인 안목을 갖는 것이 필요합니다.

구체적인 티켓 수입 목표 예산을 산출하는 방식은 기획 프로듀서마다 다르지만 이 책을 보면서 처음 해보는 상황이라면 다음과 같은 방법을 추천합니다. 우선 공연장 좌석 배치도를 보며 이번 프로덕션에서 사용할 객석 수량 및 좌석 등급을 결정해 공연용 좌석 배치도를 만듭니다. 이후 등급별 좌석 수량(VIP석·R석·S석·A석·B석)과 공연 횟수를 바탕으로 일자별 판매 목표 수량을 설정합니다. 사전 자료 조사를 통해 분석한 출연자의 인지도, 관객 선호 요일 등의 요소를 반영해 일자별로 목표 수량을 다르게 정하는 것이 현실적입니다. 이를 일자별, 등급별로 정리해 티켓 판매 예상 비율 및 목표를 구체적으로 설정할 수 있습니다. 한편, 공연 프로덕션의 주최 측인 예술단체나 공연장에서 티켓 수입 목표 금액을 정해둔 상황이라면, 이를 고려해 역으로 등급별 좌석 수량과 공연 횟수를 계산하기도 합니다.

티켓 판매와 별개의 수입을 모색할 수도 있습니다. 프로덕션을 위한 기업·단체·개인 등의 후원이나 협찬을 통한 수입이 조성될 수 있다면 모두 총 목표 수입에 포함합니다. 사전에 설정한 총 목표 수입을 토대로 개막 전 티켓 판매 추이를 살피면서 목표 달성 여부를 비교한다면, 상황에 따라 추가적인 마케팅을 진행하는 등 목표 수입 달성을 위한 노력 또한 시도할 수도 있습니다.

공연 종료 후에는 실제로 거둬들인 금액과 목표 수입을 비교합니다. 대개 총소요 예산 대비 손익분기점을 넘기는 것을 이상적으로 봅니다. 공연으로 벌어들인 수입이 높다는 것은 다양한 측면에서 긍정적인 지표로 작용합니다. 그러나 순수 예술 분야에서 손익분기점을 넘기는 데는 굉장히 무리가 따릅니다. 특히 공공기관은 수익을 고려한 대중성보다는 공공성과 예술성을 지향하기에 통상적으로 높은 수입을 고려하기가 어렵습니다.

공연을 통해 생긴 수입의 경우, 공공기관에서는 세금으로 프로덕션을 운영하기에 수입을 반납하는 개념이 성립됩니다. 민간기관이라면 투자 비율에 따라 수입을 분배하거나 차기 프로덕션을 위한 비용으로 활

용하게 됩니다. 만약 목표 수입과 실제 수입 사이에 상당한 차이가 발
생했다면 그 이유를 분석해 차기 프로덕션 기획 시 시행착오로 인한
간극을 줄이도록 노력합니다.

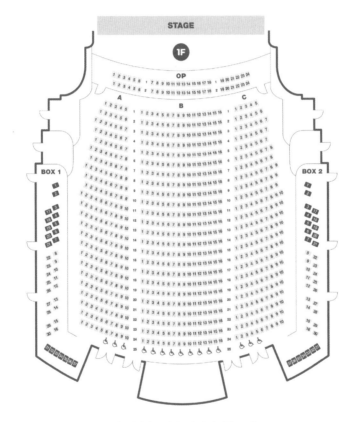

예술의전당 오페라극장 좌석 배치도 1층

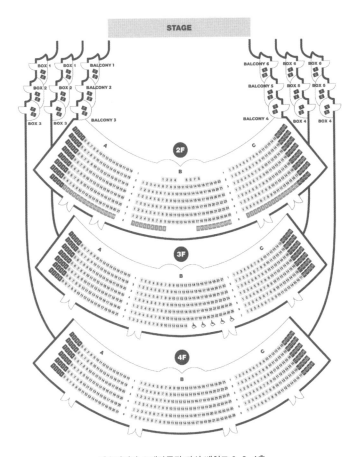

예술의전당 오페라극장 좌석 배치도 2, 3, 4층

3부

프로덕션 :
역동적인 전개와 절정

7장

공연 제작
계획과 실행

이제 본격적인 프로덕션 단계로 진입하면서 작업의 실제 결과물이 나오기 시작합니다. 동시에 처음 예상과 달리 발생하는 변수가 늘어나는 시점이기도 합니다. 제작진은 하나의 종합예술로 작품이 표현되는 다양한 방식을 설정하고, 이에 따른 높은 예술성을 무대에 펼쳐내기 위해 출연진은 연습에 매진합니다. 공연에 필요한 예술적 감각과 기술 능력을 발휘하는 파트별 스태프들까지 모두가 예술적·기술적 균형을 유지하며 하나의 공연을 만들어갑니다.

프로덕션에서 각자 자신이 맡은 파트만 충실히 이행한다고 관객이 몰입하고 카타르시스를 느끼는 공연이 완성되는 것은 아닙니다. 모든 파트는 유기적으로 연결되어 있기에 각 파트 내 팀워크, 더 나아가 파트 간 협업이 잘 이루어져야 완성도 높은 공연에 다다를 수 있습니다. 더불어 참여자 간 소통과 협업이 원활해야 예상치 못한 어려움이 발생해도 효과적으로 해결할 수 있습니다. 각 파트 내 팀워크는 파트 책임자가 맡는 영역이며, 파트 사이의 협업은 제작감독과 기획 프로듀서가 끌어내야 하기에 지금부터 본격화되는 공연 제작 과정에서 각 역할의 중요성은 더욱 커지게 됩니다.

연습 계획과 진행
✦

완성도 높은 공연에는 체계적이고 효과적인 연습 과정이 요구됩니다. 제작 총괄을 맡은 제작감독 또는 기획 프로듀서는 공연 프로덕션에서 동시다발로 이뤄지는 연습과 준비 과정을 고려해 전체 스케줄을 제시하고 그 흐름에 따라 파트별 세부 스케줄을 정리하고 조율합니다. 특히 전체 연습 및 무대 리허설 스케줄을 계획할 때는 시기별, 파트별로 분리하고 개막 일자로부터 역산해 아래와 같이 정리해 나가는 것이 좋습니다.

연습 및 무대 리허설 과정

대본 리딩 연습

공연예술 장르 가운데 연극에서 대본 리딩은 필수입니다. 반면 뮤지컬이나 오페라처럼 음악과 극이 결합된 경우 내용이 음악에 실린 가사로 전달되기에 단순하게 텍스트를 읽는 대본 리딩이 다소 어색할 수 있습니다. 그러나 창작 오페라 초연을 앞두고 있다면 대본 리딩을 시도하는 것이 좋습니다.

　대본 리딩은 대본가와 연출가가 주축이 되어 출연진과 함께 진행합니다. 대본가에게 듣는 창작 의도 등을 통해 출연자들은 작품의 전체 맥락, 캐릭터에 대한 파악뿐 아니라 작품에 대한 심도 있는 분석을 하게 됩니다. 또한 차후에 진행될 음악 연습과 연기 연습을 한층 수월하게 대비하면서 완성도를 높이는 데는 대본 리딩 연습이 큰 역할을 하게 됩니다.

음악 연습

연습을 총괄하는 지휘자가 음악 코치와 함께 세부적인 의견을 교환하며 음악적 견해를 어느 정도 일치시킨 상태에서 음악 연습이 시작됩니다. 출연진은 각자 맡은 부분을 완벽에 가깝게 숙지한 상태로 음악 연습에 참여합니다. 이후 지휘자 또는 음악 코치의 지시에 따라 악보의 처음부터 마지막까지 연습하거나 아니면 장면별로 나눠 연습하게 됩니다. 주로 음악 코치와 개별 가수들이 세부적인 연습을 맞추고, 이후 지휘자와 함께 음악의 전반적인 부분을 통일하며 완성하는 방식으로 연습이 이뤄집니다. 또한 각 배역의 아리아, 중창, 앙상블을 짚어보면서 악보 상 지시 사항과 표현을 확인하고 작품에 내포된 음악 특징과 표현을 함께 분석하게 됩니다. 음악 연습 기간에는 반주를 맡은 피아니스트가 함께 참여해 전반적인 음악 흐름을 익히며 차후 연기 연습 및 테크니컬 리허설의 반주를 준비하게 됩니다.

음악 연습의 상세 일정은 음악 코치가 보조하면서, 지휘자가 결정하는데 작품 특성과 규모에 따라 다르지만 통상 3주간 진행됩니다. 연습 일정을 정리할 때는 일자별 연습 소요 시간, 연습 범위, 해당 참여자를 명확히 표기해 진행에 차질이 없게 합니다. 특히 팀 단위로 진행되는 연습의 경우 한 명이라도 부재하게 되면 연습을 완벽히 끝냈다고 할 수 없으므로, 담당자의 사전 확인 점검이 중요합니다.

연기 연습

출연진은 앞선 음악 연습에서 지휘자의 지시에 따라 작품의 음악을 모두 습득하고, 자신이 맡은 배역의 시작부터 끝까지 완벽히 암보가 된 상태여야 연기 연습을 시작할 수 있습니다. 간혹 암보가 되지 않은 상태로 참여할 경우, 연기 연습에 불편과 어려움을 초래하므로 특히 주의해야 합니다.

오페라 공연에서 연기 연습은 연출가 지시에 따라 진행됩니다. 사전에 연출가는 악보 상 제시된 음악과 텍스트 모두를 분석해 이를 기반으로 연출과 연기를 계획합니다. 주·조역 가수뿐 아니라 연기자, 무용단, 합창단 등 출연진은 각 장면마다 연출가가 제시하는 연기와 동작, 동선을 습득합니다. 연출가 성향에 따라 막별 순서로 연습하거나 주요한 막과 장을 우선순위로 정해 연습하기도 합니다. 조연출과 조연출보는 연습에서 언급되는 내용들을 기록하거나 최대한 보조하며, 연기 연습에도 반주를 맡은 피아니스트가 참여해 연출에 따른 장면별 음악을 연주합니다.

연기 연습 기간 역시 작품 특성이나 규모에 따라 다르지만 대략 4~6주에 걸쳐 진행되며 세부 일정은 연출가가 결정합니다. 주·조역을 맡은 가수가 연기에 어느 정도 익숙해지면 다른 파트의 출연자와 연습을 병행하게 되며, 이후 막별로 연기자, 무용단, 합창단이 참여를 더해 전체적인 장면을 맞춰나갑니다. 점차 높아지는 연습 강도만큼 작품의 완성도 역시 무르익는 중요한 시점입니다.

이 기간에는 무대감독을 비롯해 파트별 디자이너와 어시스턴트가 참여해 연습을 모니터링합니다. 연기 연습에서 이뤄지는 세부 연출 사항을 통해 무대 리허설에 필요한 사항을 미리 가늠할 수 있기 때문입니다. 기술적으로 실행이 어려운 부분이 예상될 경우, 미리 연출가와 상의하면서 대안을 사전에 모색할 수 있기에 연기 연습은 해당 분야별 스태프들에게 중요한 기간이 됩니다. 또한 지휘자나 음악 코치가 배석해 연기 연습 중 출연진의 음악이 흐트러지지 않게 조언합니다. 특히 지휘자는 본공연에서 무대의 전반적인 연출과 움직임을 감안하며 지휘해야 하므로 해당 사항을 주의 깊게 살피며 준비하게 됩니다.

적게는 몇 십명, 많게는 백 명이 넘는 인원의 연습을 진두지휘하는 것은 엄청난 작업이며, 연습 자체를 차질 없게 계획하는 것 역시 주의를 상당히 기울여야 하는 부분입니다. 뒤로 갈수록 복잡해지는 만큼

지휘자, 가수, 오케스트라가 모여 음악연습하는 시츠프로브

기간 중 변동 사항이 발생할 때, 연출팀에서 빠른 수정과 공유로 원활한 진행을 이끌어야 합니다. 또한 모든 참여자가 상호 간 적극적인 태도로 협조해야 어렵고 복잡한 연습 과정을 잘 헤쳐나갈 수 있습니다.

오케스트라 연습

대부분의 오페라 공연이 오케스트라 라이브 연주로 이뤄지기에 오케스트라의 연습 또한 무척 중요합니다. 가장 먼저 지휘자가 이전에 가수들과 진행한 음악적 특징과 표현 등에 관한 분석을 바탕으로 오케스트라와 단독 연습을 진행합니다. 지휘자와 오케스트라가 연습을 여러 차례 진행한 후 가수가 참여해 연습을 진행합니다. 작품에서 전달하려는 음악을 모두가 함께 맞춰보며 전체적으로 점검하고 정리하는 최종 음악 연습이기도 합니다. 이를 시츠프로브sitz probe✦라고 하며, 오케스트라 리허설, 앙상블 연습이라 부르기도 합니다. 작곡가의 의도가 담긴 악보 분석뿐 아니라 자신만의 해석을 더해 관객에게 깊은 감동을 전달하기 위해서는 지휘자의 역량이 매우 중요하게 작용합니다.

파트별 디자인 계획과 진행
✦

종합예술인 공연 무대에서 연출의 영향을 받는 디자인 파트는 각 요소가 조화를 이뤄 하나의 거대한 작품으로 관객에게 선보여집니다. 이로 인해 디자인부터 제작에 이르는 선 과정은 매우 중요하며, 무대·의상·조명·소품·분장·영상 등 각 파트에서는 디자인 구상뿐 아니라 제작, 검수에 이르는 각 단계마다 수시로 확인과 점검을 통해 완성도를 높여 가게 됩니다.

디자인 회의 및 구상

연출가 의도에 따른 작품의 시대와 배경, 공간 분위기에 대해 여러 차례 디자인 회의를 거쳐 가장 먼저 무대 디자이너가 스케치 작업을 완성합니다. 이것을 기반으로 조명, 영상 디자인이 더해지며 무대 위에 놓

✦ 독일어로 '앉아서 하는 리허설'이라는 뜻을 가진 시츠프로브(sitz probe)는 공연 전 가수와 오케스트라기 함께 연습하는 것을 의미한다. 이전까지 피아노 반주에 맞춰 연습해온 가수가 지휘자, 오케스트라와 처음으로 합을 맞추는 연습이다.

이는 대도구와 소품 디자인도 같은 흐름에서 통일성 있게 진행합니다.

의상의 경우 디자인뿐 아니라 기능도 함께 고려해 디자인합니다. 강렬한 움직임이 있는 작품에서는 이에 적합한 원단을 사용해 의상을 제작하며, 이를 기초로 각 배역에 필요한 장신구와 분장 디자인도 함께 디자인합니다.

디자인 구상 및 기획 단계에서 방향이 결정되었다면 이를 기초로 대략의 단가를 파악하고 예산안을 정리합니다. 이후 각 파트별 디자이너가 스케치와 디자인 작업을 마치면 작업세부사항을 작성합니다. 제작 시 준수할 내용, 사용되는 재료, 상세 크기, 작업 방식, 유의 사항 등을 기재해 일종의 시방서로 내용을 갖춥니다. 여기에 적힌 전반적인 내용을 토대로 제작 단가 기준을 조사합니다. 해당 파트의 제작 업체 여러 곳에서 받은 가견적을 검토하면서 실제 소요 예산을 면밀히 파악할 수 있으며, 실제로 제작 가능한 업체 후보를 가늠할 수 있습니다.

디자인 파트 제작 과정

디자인 물품 제작 및 검수

공연 주최 측이 공공성을 가진 예술단체, 공연장이라면 일정 금액 이상의 제작 및 물품 구매를 할 때 나라장터 입찰 공고를 통해 선정된 업체와 계약하는 것이 규정으로 정해져 있습니다. 나라장터에 디자인 물품 제작에 관한 공고를 올릴 때에는 비용뿐 아니라 시방서에서 제시하는 주요 내용을 수행할 수 있는 최선의 업체가 선정되는 것이 중요합니다. 이를 위해 실적, 지역 등에 대한 제한을 두기도 합니다.

한편 무대나 의상 등 공연예술을 위한 디자인 물품은 예술품으로 취급되며 특수하고 까다로운 제작 과정을 거쳐야 하므로 나라장터 입찰에 응하는 업체가 적어 계약 자체가 성사되지 못하는 경우도 허다한 것이 현실입니다. 이 부분을 두고 업계 관계자 사이에서는 공연예술을 목적으로 하는 예술 제작품을 입찰 제도를 통해 계약하는 것 자체가 현실에 맞지 않다는 의견도 상당합니다. 디자이너 의도에 따라 희소하게 만드는 예술품은 일반적인 공산품의 제작 방식과 다르며, 선정 업체의 실력이 부족하거나 디자이너의 요구사항에 협조가 원활하지 않을 경우 예술성이 현저히 떨어지고, 심지어 작업물 자체를 완성하지 못하는 문제들이 실제로 발생하기 때문입니다.

최종 선정된 제작 업체는 디자인 구상 단계에서 디자이너가 정리한 스케치, 제작 조건이 구체적으로 담긴 시방서를 토대로 제작을 진행합니다. 이때 제작감독, 연출가, 각 파트별 디자이너들이 전체 제작 과정을 잘 살피는 것이 중요합니다. 계약 이후 업체의 전문성이 현저히 떨어져 작업을 완료하지 못하는 경우가 종종 발생하는데, 이로 인해 예정됐던 공연 자체가 무산되는 상황이 발생해 뉴스에 보도된 적도 있습니다. 이렇게 공연이 취소될 경우 제작진, 출연진 모두 큰 타격을 받으며 예산에도 치명적인 손해가 발생합니다.

최악의 상황을 막으려면 제작진과 디자이너 모두 제작 업체를 주기적으로 방문해 진행 상황을 점검하는 것이 꼭 필요합니다. 또한 단순한 작업 완료 이상으로 디자이너가 의도한 세밀한 부분까지 포함해 완성도를 갖춘 예술품이 제작되도록 살피는 것도 중요합니다. 일례로 의상의 경우 모든 출연자의 신체를 측정해 제작하며, 이후 착용과 수선 등의 절차를 거쳐 디자인의 구현뿐 아니라 활동에 불편함이 없도록 주의를 기울이게 됩니다.

디자인 물품 제작 후에는 최종 납품을 위한 검수 단계를 거치게 됩니다. 특히 무대, 대도구, 소품은 출연진의 안전 문제와 직결되므로 담당자는 디자인 완성도뿐 아니라 설치 이후 안전에 대한 부분까지 고려해 제작되었는지 꼼꼼하게 검수해야 합니다. 이때 시방서 내용과 다른 부분이 있다면 수정·보완을 요청해 공연에 부합하는 완성품이 나올수 있게 합니다.

무대 스태프 회의

무대 리허설 진행에 앞서 무대 스태프 회의를 계획하고 진행합니다. 무대에서 벌어지는 모든 상황을 논의하며 그중에서도 무대 셋업, 무대 리허설, 본공연, 무대 철수에 관한 전반적인 과정을 하나씩 짚어보고 파트 간 협력 사항을 조율하게 되는 매우 중요한 회의입니다.

무대 스태프 회의의 총책임은 무대감독이 맡습니다. 리허설 및 본공연을 비롯해 무대에서 벌어지는 모든 일들을 총괄하기 때문입니다. 회의에는 여러 파트 담당자가 참석하는데 프로덕션 측에서는 무대감독 외 각 파트별 디자이너와 오퍼레이터, 무대 제작업체가 포함됩니다. 공연장 측에서는 무대·기계·조명·음향·영상 파트에서 감독을 맡은 담당자들이 관리자의 입장으로 참석합니다.

회의가 시작되면 무대감독이 무대 셋업부터 본공연, 철수 및 마무리에 이르는 모든 작업별 스케줄을 처음 제시합니다. 변동이 필요한 경우 관련 사항을 조율하며 기계 사용 범위, 각 파트별 특이사항 등도 이때 함께 논의됩니다. 무대 스태프 회의는 경우에 따라 본공연 전까지 여러 번에 걸쳐 회의가 이뤄지며, 이때 약속된 사항들만 무대에서 실행할 수 있습니다. 부득이하게 추가 변동 사항이 발생했다면 반드시 무대감독을 비롯한 해당 파트에 양해를 구하고 농의를 얻어야만 실행할 수 있습니다. 또한 공연장 규정에 따라 안전 수칙을 준수하며 무대 전반을 철저하게 확인해 본공연을 위한 실전 준비를 철저하게 해나갑니다.

프로덕션 전체 일정 정리
✦

일반적으로 공연 프로덕션의 제작 기간은 기획부터 개막까지 3~6개월 정도가 소요됩니다. 여기에 창작·개발 단계가 포함된다면 기간은 더욱 늘어납니다. 오랫동안 다양한 파트에서 여러 사람이 협업하는 만큼 기획 프로듀서는 전체 기간 내 파트별 진행 일정을 한눈에 볼 수 있게 정리, 공유하면서 점검하는 역할을 주도해야 합니다.

공연 제작이 본격화된 후에도 프로덕션 내 각 파트의 일정을 개별 단위로 살펴왔다면 이제는 모든 파트의 스케줄을 한 눈에 볼 수 있게 정리해 관련 담당자 전체와 공유해야 합니다. 각 파트가 개시될 때마다 관련 스케줄을 추가하며 정리했다면 이 작업이 수월하겠으나, 설령 그렇지 않았더라도 지금이 정리하고 공유해야 할 최적의 타이밍입니다.

프로덕션 전체 스케줄은 꼼꼼하게 정리할수록 각 파트 사이에 연결된 업무 협조가 수월해지며, 보다 효과적인 진행이 가능해집니다. 또한 본공연에 가까워질수록 모든 파트가 시각을 다투어 일하면서 각 파트 간 소통의 부재가 발생할 수 있기에 이러한 문제를 최소화하기 위한 장치로 중요한 역할을 하게 됩니다.

제작감독 및 기획 프로듀서는 파트별 세부 사항을 빠짐없이 파악해 프로덕션 전체 스케줄에 적용하고 변동 사항을 반영해 업데이트할 때마다 모두에게 공유합니다. 특이 사항이 생길 경우 별도로 기재해 관리하는 것도 좋은 방법입니다. 프로덕션 전체 스케줄을 정리할 때는 파트 성격에 따라 연관성 높은 것끼리 묶어 하나의 카테고리에 두고, 세부 단계별 시작과 마감 시점을 명시합니다.

기획 일정표 예시

구분	내용	11월				12월				1월				2월				3월			
		1	2	3	4	1	2	3	4	1	2	3	4	1	2	3	4	1	2	3	4
공연기획	대본/작곡	■	■																		
	목적설정	■																			
	환경조사			■	■																
	SWOT분석				■																
	컨셉 설정							■													
	제작진 섭외								■	■	■										
	출연진 섭외											■	■	■							
	공개 오디션													■							
	스태프 구성														■	■					
	세부예산																■				
	계획서 승인																■				
	행정서류																			■	
	계약진행																			■	■

구분	내용	4월				5월				6월				7월				8월	
		1	2	3	4	1	2	3	4	1	2	3	4	1	2	3	4	공연	후속
공연제작	작품 개발 최종 완료	■																	
	대본리딩			■															
	연습: 음악					■	■	■											
	연습: 연기									■	■	■	■						
	연습: orch.																		
	시츠프로브														■				
	제작 예술품: 디자인 회의	■																	

구분	내용	4월				5월				6월				7월				8월	
		1	2	3	4	1	2	3	4	1	2	3	4	1	2	3	4	공연	후속
공연 제작	제작 예술품: 입찰 공고, 계약		■	■	■														
	제작 예술품: 파트별 제작					■	■	■	■	■	■	■	■	■					
	제작 예술품: 납품 및 검수														■	■			
	무대스태프 회의													■					
	무대 셋업														■	■			
	리허설: 테크니컬															■			
	리허설: 드레스																■		
	리허설 : 제너럴																■		
	로비 및 객석 점검																	■	■
	공연 진행																	■	
	무대 철수																		■
	제작 예술품 보관																		■
	프로덕션 바이블																		■

제작 일정표 예시

월 MON	화 TUE	수 WED	목 THU	금 FRI	토 SAT	일 SUN
7/8	7/9	7/10	7/11	7/12	7/13	7/14
10:00~13:30 A	10:00~13:30 A	10:00~13:30 A	10:00~13:30 A	10:00~13:30 A	10:00~13:30 A	—
14:30~18:30 B	14:30~18:30 B	14:30~18:30 B	14:30~18:30 B	14:30~18:30 B	14:30~18:30 B	
연습실 Rehearsal room	연습실 Rehearsal room	연습실 Rehearsal room	연습실 Rehearsal room	연습실 Rehearsal room	연습실 Rehearsal room	
7/15	7/16	7/17	7/18	7/19	7/20	7/21
10:00~13:30 A	10:00~13:30 A (무용&연기①)	10:00~13:30 B (합창①)	10:00~13:30 A	10:00~13:30 A	14:30~18:30 A	—
14:30~18:30 B	14:30~18:30 B (무용&연기②)	14:30~18:30 A (합창②)	14:30~18:30 B	14:30~18:30 B (합창③ 무용&연기③)	18:00~22:00 (합창④)	
연습실 Rehearsal room	연습실 Rehearsal room	연습실 Rehearsal room Open Rehearsal	연습실 Rehearsal room	연습실 Rehearsal room	연습실 Rehearsal room	
7/22	7/23	7/24	7/25	7/26	7/27	7/28
10:00~13:30 A (합창⑤)	10:00~13:30 B (합창⑥)	10:00~13:30 A (합창⑦ 무용&연기⑤)	10:00~13:00 Orch. Rehearsal① A	14:00~17:00 Piano Rehearsal A	18:00~22:00 Dress Rehearsal A	18:00~22:00 Dress Rehearsal B
14:30~18:30 B (무용&연기④)		14:30~18:30 B (합창⑧ 무용&연기⑥)	14:00~17:00 Orch. Rehearsal② B	18:00~21:00 Piano Rehearsal B		
연습실 Rehearsal room	연습실 Rehearsal room	연습실 Rehearsal room				
의상피팅	의상피팅					
7/29	7/30	7/31	8/1	8/2	8/3	8/4
—	18:30~21:30 General Rehearsal A	18:30~21:30 General Rehearsal B	공연①	공연②	공연③	공연④
						공연후 strike

연기 연습 일부 및 무대 리허설 일정표 예시

일자		시간	무대	조명	영상	음향	비고
7	23 화	09:00-09:30	무대 안전교육(All Staff)				
		09:30-12:00	반입 및 설치	Hanging (주무대)			
		13:00-17:00	설치	Hanging (주무대)			
		18:00-22:00	설치	Hanging (주무대)			
	24 수	09:00-12:00	설치	Hanging (주무대)	장비 반입		
		13:00-17:00	설치	FOH/ 사이드	프러젝션		
		18:00-22:00	보완	FOH/ 사이드	Check		
	25 목	09:00-12:00	보완	Check	Check	반입 및 배치	*11:00 분장실 배정
		13:00-17:00	장면별 세트 배치 및 Tech.메모리				*13:00 의상 배치
		18:00-22:00	보완	Focusing	Focusing		*18:00 대도구, 소품 이동
	26 금	09:00-12:00	보완	Focusing/ Memory	Focusing/ Memory	연출 mic	*orch. pit/piano 배치
		13:00-14:00	준비 및 무대 안전교육(All Cast)				
		14:00-17:00	Piano Rehearsal-A				*13:00 특효 test
		18:00-21:00	Piano Rehearsal-B				
		21:00-22:00	무대 정리				
	27 토	09:00-12:00	Tech. Rehearsal	Check	Check	설치/배치	*10:00- Orch.배치
		13:00-17:00	-	(가) Memory	(가) Memory	back stage mic	*13:00 악기 반입/ *14:00 분장시작
		18:00-22:00	Dress Rehearsal-A (Dress/Make-up/Hair)				*18:00 안전 교육 (Orch)/특효 test
	28 일	09:00-12:00	-	Memory	Memory	-	
		13:00-17:00	-	Memory	Memory	-	
		18:00-22:00	Dress Rehearsal-B (Dress/Make-up/Hair)				*18:00 특효 test
	29 월	-	OFF				
	30 화	09:00-12:00	Check	Check	Check	-	
		13:00-15:00	Tech. Rehearsal (필요시)				*14:00 분장시작
		15:00-17:00	-	Memory	Memory	-	
		18:00-18:30	준비				*18:00 특효 test
		18:30-22:00	General Rehearsal-A (Dress/Make-up/Hair)				

일자			시간	무대	조명	영상	음향	비고
7	31	수	09:00-12:00	Check	Check	Check	-	
			13:00-17:00	-	Memory	Memory	Check	*14:00 분장시작
			18:00-18:30	준비				*18:00 특효 test
			18:30-22:00	General Rehearsal-B (Dress/Make-up/Hair)				
8	1	목	09:00-12:00	Check	Memory	Memory	-	*09:00 중계팀 장비 반입
			13:00-16:00	Tech. Rehearsal (Cue to Cue)				*15:00 분장시작
			16:00-17:00	Check	Check	Check	Check	
			18:00-19:00	공연 준비 및 Pre-set				*18:00 특효 test
			19:00-19:30	객석 오픈				
			19:30-21:30	Performance/1-A				
	2	금	15:00-17:00	Check	Check	Check	Check	*15:00 분상시작
			18:00-19:00	공연 준비 및 Pre-set				*18:00 특효 test
			19:00-19:30	객석 오픈				
			19:30-21:30	Performance/2-B				*21:30 중계팀 장비 철수
	3	토	13:00-13:30	Check	Check	Check	Check	*11:00 분장시작
			13:30-14:30	공연 준비 및 Pre-set				*13:30 특효 test
			14:30-15:00	객석 오픈				
			15:00-18:00	Performance/3-A				
	4	일	13:00-13:30	Check	Check	Check	Check	*11:00 분장시작
			13:30-14:30	공연 준비 및 Pre-set				*13:30 특효 test
			14:30-15:00	객석 오픈				
			15:00-18:00	Performance/4-B				
	5	월	09:00-09:30	무대 안전교육(All Staff)				
			09:30-	Strike				

무대 셋업 일정표 예시

8장

홍보·마케팅
계획과 실행

좋은 공연을 제작하는 것만큼 중요한 부분이 있습니다. 바로 관객입니다. '공연은 관객이 있을 때 비로소 완성된다'라는 말이 있을 정도로 관객은 단순한 '손님' 그 이상의 의미와 가치를 가집니다. 더군다나 최근 관객과의 상호작용으로 함께 공연을 완성하는 사례가 점차 늘어나고 있는 만큼, 불특정 다수의 대중이 관객으로 거듭나는 데는 홍보·마케팅이 매우 중요하게 작용합니다. 무엇보다 공연 프로덕션의 컨셉과 유기적으로 연결된 홍보·마케팅 전략은 예비 관객을 강력하게 끌어당기는 도구가 됩니다.

홍보 계획 수립과 운영

✦

공연 홍보의 목적은 크게 두 가지로 볼 수 있습니다. 대중에게 공연에 대한 매력적인 정보를 전달하고, 그 과정에서 호감도를 상승시켜 공연장에 방문하게 하는 것입니다. 공연 프로덕션과 유기적으로 연결된 홍보 컨셉 아래 온·오프라인의 다양한 매체를 활용하면서도 일관성이 있는 메시지를 전달하는 것이 중요합니다. 이와 관련한 과정들을 시간 흐름에 따라 살펴봅시다.

홍보 컨셉 설정

앞서 공연예술의 특성 중 하나로 '무형성'을 이야기한 바 있습니다. 일정한 형태나 형상이 없는 공연은 실제로 상연되기 전까지 그 누구도 완벽하게 알 수 없습니다. 공연이라는 상품을 홍보할 때는 이와 같은 특성을 고려해 컨셉을 명확하게 정리해야 합니다.

일반적으로 홍보 컨셉을 설정할 때 크게 두 가지 방법을 모색하게 됩니다. 프로덕션 기획 단계에서 설정된 컨셉을 그대로 적용하는 방법, 공연 컨셉을 기초로 홍보를 위한 제2의 컨셉을 도출하는 방법입니다. 전자의 경우 공연에 대한 직관적인 정보 전달이 가능하다는 점, 후자는 공연 컨셉을 중심에 두고 대중에게 접근성 높은 도구를 더해 풀어간다는 각각의 장점으로 관객과 만나게 됩니다.

컨셉이 결정되면 작업을 맡은 그래픽 디자이너와 함께 메인 이미지를 정하고 헤드라인을 도출합니다. 이때 주목성과 가독성을 고려하는 것이 중요합니다. 메인 이미지는 대개 공연 포스터를 기준으로 제작되며 공연 및 홍보 컨셉을 감안한 메인 컬러와 이미지로 구성됩니다. 헤드라인은 간결하며 설득력 있는 한 문장으로 표현합니다. 공연을 한층 부각하면서 부연 설명이 될 수 있는 문장이면 더욱 좋습니다. 또한 공연 내용에 따라 메인 헤드라인과 서브 헤드라인을 구분해 홍보 수단에 따라 다르게 활용할 수도 있습니다.

예를 들어 2024년 작곡가 푸치니의 서거 100주년을 기념해 오페라 〈라 보엠La Bohème〉 프로덕션의 홍보물을 제작한다고 가정해 보겠습니다. 메인 이미지로 작곡가와 관련성 높은 이미지를 활용하고, 헤드라인을 '푸치니 서거 100주년 기념 공연'으로 정해볼 수 있습니다. 또는 〈라 보엠〉이라는 작품이 크리스마스이브를 배경으로 가난한 젊은 예술가들의 사랑과 기쁨, 슬픔에 관해 다룬 것을 이미지화 할 수도 있습니다. 주로 연말을 앞둔 겨울에 자주 공연되는 작품인 점을 고려할 때 홍보 컨셉 및 헤드라인에 반영될 키워드를 '겨울', '크리스마스', '가난한 청춘', '사랑' 등으로 정리해 메인 이미지를 도출할 수 있겠습니다.

홍보 컨셉을 보도자료나 인쇄물 같은 매체에 녹여낼 때 스토리텔링 방식을 활용하면 효과적입니다. 기본적으로 대중에게 전달하려는 핵심 메시지를 흥미로운 이야기 형태로 구성할 수 있습니다. 또는 공연이나 작품을 둘러싼 주변 이야기 등을 중심으로 풀어낼 수도 있습니다. 이를테면 공연 기획에 얽힌 비하인드 스토리, 제작 과정에서 생긴 출연진 에피소드 등을 홍보 소스로 활용하는 것입니다.

공연과 유기적으로 연결된 홍보 컨셉과 하나의 흐름으로 이어지는 메인 디자인, 헤드라인, 스토리텔링이 담긴 홍보물을 접한 대중은 공연 이야기에 사로잡힐 가능성이 높아집니다. 체계적이고 촘촘한 홍보망 속에서 관객이 되어 공연까지 감상했다면, 공연 정보를 처음 인지한 시점부터 공연장 밖을 나서는 순간까지 하나의 거대한 예술 경험을 만끽했다고 할 수 있습니다. 또한 공연의 주최 측인 예술단체나 공연장에 대한 호감뿐 아니라 차기 공연에 대한 기대감을 품게 될 것입니다.

언론 보도

오늘날 다양한 매체들이 존재하지만, 그중에서도 가장 중요한 것은 단연 '언론 보도'라고 할 수 있습니다. 전통적인 4대 매체인 신문, 텔레비전, 라디오, 잡지에 대한 대중의 신뢰성이 여전히 높기 때문입니다. 공연 자체 홍보물이나 온라인 광고 등과 비교할 때 언론보도는 공연이 객관적인 정보로 전달된다는 인식을 줄 수 있습니다.

언론을 통해 공연을 알리기 위해서는 보도자료가 준비되어야 합니다. 홍보 전략에 따라 보도자료는 여러 차례에 걸쳐 발송되며, 공연 기본 개요 외에 발송 회차마다 공연에 대한 다양한 주제와 정보 중심의 스토리텔링이 담깁니다. 예를 들어 1차로 배포하는 보도자료에는 공연 개요 위주로, 이후 2차, 3차 보도자료는 헤드라인을 활용하거나 공연 제작 과정 중 생긴 에피소드, 티켓 매진 소식, 프로모션 및 이벤트 관련 내용으로 구성할 수 있습니다.

보도자료에 기재되는 공연 일자, 장소, 출연진 정보 등 기본 개요는 육하원칙에 따라 작성하며 오타나 실수가 없도록 꼼꼼히 검토해야 합니다. 언론에 보도된 후 수정, 정정은 매우 어렵기에 한순간의 실수로 돌이킬 수 없는 일이 발생하지 않도록 주의하는 것이 좋습니다.

더불어 홍보 컨셉에 따라 공연에 관한 충분한 내용을 보도자료에 담아내야 합니다. 작성 담당자가 공연 기획부터 제작의 모든 과정을 제대로 파악하지 못하고 있다면 보도자료 내용을 추상적으로 작성할 수밖에 없습니다. 모호하고 겉도는 이야기만 담긴 보도자료는 언론사 기자들에게 외면받기 쉽습니다. 때문에 출연진에 관한 정보, 제작 과정 중 흥미로운 에피소드 외에도 비슷한 시기에 상연되는 경쟁사의 공연과 차별성을 갖는 부분에 대한 분석을 바탕으로 보도자료를 작성해야 합니다.

언론사의 담당 기자는 보도자료를 살피면서 기사화 가능한 부분을 탐색합니다. 단순히 공연 개요만을 내보낼 수도 있고, 심층 취재나 예술가 인터뷰가 필요한 경우 언론 담당자를 통해 프로덕션에 추가 요청을 하게 됩니다. 만약 대중에게 친숙하지 않은 장르의 공연이 상세히 취재되어 주요 언론사를 통해 보도될 경우, 프로덕션에 대한 인식뿐 아니라 추후 평가나 해석 또한 크게 달라질 수 있습니다.

공연 전후로 언론사 기자나 평론가의 시선으로 담아낸 깊이 있는 기사와 비평은 대중의 관심과 연결됩니다. 공연에 대한 좋은 내용은 대중의 호감도를 상승시키지만, 부정적인 내용이 담겼을 경우 그로 인해 논란이 발생하기도 합니다. 다만 어느 쪽이든 언론 기사를 통해 화제성을 가질 수 있는 것만은 분명합니다.

공연 종료 후에는 주최 측인 예술단체 또는 공연장을 다시 각인시키기 위해 공연이 성공적으로 종료되었음을 알리는 보도자료를 배포할 수도 있습니다. 이와 함께 차기작을 간접 홍보하는 효과를 노릴 수도 있습니다.

언론사에 소속된 기자 역시 한 명의 관객인지라, 보도자료를 작성하고 공연을 소개할 때 호기심과 호감을 갖고 기꺼이 보도하고 싶은 마음이 들게 하는 것이 중요합니다. 이를 위해 프로덕션의 언론 담당자는 평소 언론사 문화부 기자들과 우호적인 관계를 유지하면서 대변인으로서 책임감을 갖고 공연을 적극적으로 알리는 태도가 필요합니다.

사진·영상 촬영

오늘날 다양한 산업군에서 온라인 플랫폼을 활용한 홍보·마케팅이 대두되면서 사진 및 영상 소스의 비중과 중요성은 더욱 커지게 되었습니다. 과거에 공연 포스터를 비롯한 인쇄 홍보물, 광고 영상을 위한 촬영이 이뤄졌다면, 현재는 인스타그램, 유튜브, 틱톡 등 각 플랫폼의 특성을 고려해 이미지와 영상을 다루는 방식이 주를 이루고 있습니다. 그럼에도 공연 프로덕션 방향과 홍보 컨셉에 따라 사진과 영상을 촬영한다는 점은 변함이 없습니다.

재공연을 하는 프로덕션이라면 이전에 촬영된 공연 이미지를 사전 홍보 소스로 활용할 수 있습니다. 반면 창작 초연이거나 새로운 프로덕션의 경우 별도의 촬영이 요구됩니다. 이때 담당자는 촬영의 기준점을 세워야 합니다. 컨셉에 따라 참고할 수 있는 시안을 준비하고, 영상을 위해서는 촬영 감독과 함께 스토리보드를 정리해야 합니다. 촬영 시 공연의 주요 장면을 비롯해 등장인물의 갈등이 표출되는 부분이나 시각 요소가 두드러지는 모습을 포함한다면 다채로운 구성으로 홍보 효과를 높일 수 있습니다. 이를 위해 분장, 의상 등 프로덕션 제작진의 협조가 필요합니다.

공연용 의상이 제작된 상황이라면 이를 적극 활용하며, 불가피한 경우 연출가가 구상한 내용을 참고해 의상을 대여합니다. 촬영 시 배경은 촬영 컨셉에 부합하는 공간을 대관하거나, 공연 무대 디자인의 일부를 실사 출력 또는 영상으로 만들어 촬영 스튜디오에서 진행할 수도 있습니다. 하나의 배역에 여러 명의 출연진이 캐스팅된 경우, 모든 참여자가 촬영에 응할 수 있도록 일정을 잘 조정하는 것도 신경써야 할 부분입니다.

이후 공연 개막이 임박했을 때 이뤄지는 프레스 리허설에도 사진·영상 촬영을 진행합니다. 무대 위에서 실제 공연과 거의 흡사하게 촬영한 결과물이 나오므로, 개막 직전 마지막 홍보나 공연 기간 중 언론 보도용으로 활용할 수 있습니다.

온라인 홍보

시간에 따른 기술의 변화, 즉 인터넷 발달—플랫폼 탄생—스마트폰 보급은 우리 일상에 큰 변화를 불러왔습니다. 이와 함께 시·공간의 제약을 무너뜨리고 정보 전달 방식에 혁신을 불러온 온라인 영역은 지금도 현재진행형으로 빠르게 변화하는 중입니다. 무엇보다 전 세계에서 온라인 플랫폼을 통해 소식을 공유하고 판매까지 이뤄지면서 개인뿐 아니라 기관, 기업, 정부 부처 등 사회 전반에서 대중과 접점을 이어가고 있습니다.

대중과 실시간, 양방향 소통이 가능한 온라인 플랫폼은 그동안 오프라인 공연장을 찾는 관객을 대상으로 제한적인 관계를 맺어온 공연예술계에서도 많은 변화를 일으키고 있습니다. 그간 내밀하게 진행됐던 제작 과정을 공유하거나 긴밀한 소통과 유대감으로 충성고객을 늘리며, 더 나아가 공연 제작 방식에도 영향을 주고 있습니다.

소위 말하는 '랜선 이웃'이 공연장을 찾는 '오프라인 관객'으로 발전하기 위해서는 담당자의 꾸준한 노력이 요구됩니다. 이전까지 행해온 홈페이지 관리, 예매 사이트 Q&A 답변과는 다른 차원의 활동이 수반되지요. 팔로워들의 실시간 호응에 대한 친절하고도 빠른 대처를 위해 담당자의 상시 모니터링과 관리가 요구됩니다. 예술단체나 공연장의 홍보팀마다 별도의 온라인 플랫폼 담당자를 두는 것도 이와 같은 이유 때문입니다.

온라인에서는 양과 횟수에 제한이 거의 없기에, 공연 프로덕션의 다양한 정보를 사진과 영상 중심의 단기 콘텐츠로 제작하고, 정기적으로 노출하는 것이 중요합니다. 현재 여러 예술단체와 공연장에서 인스타그램 같은 온라인 플랫폼에 공연 연습 현장, 촬영 메이킹 필름, 출연진의 공연 소개 등 다채로운 정보와 프로덕션의 일상을 공개해 높은 호응을 얻고 있습니다.

이 외에도 주최 측이 운영하는 홈페이지, 공연예술 관련 채널 등을 활용해 공연 정보를 공유하는 기본 활동 외에도, 공연 특성에 따라 인

플루언서 등과 협업하거나 광고를 집행하는 것도 공연 프로덕션 기간 중에 이뤄져야 할 온라인 홍보에 해당합니다.

오프라인 홍보

현재 온라인 채널 홍보가 대세임에도 일상 속 지하철이나 대로변에서 우연히 본 영상, 내 손에서 감촉으로 느껴지는 공연 정보는 특별한 호소력이 있습니다. 디지털 시대에 오프라인 홍보물이 갖는 매력입니다.

오프라인 홍보를 위해 진행하는 기본적인 인쇄물에는 포스터, 리플렛 등이 있습니다. 다른 광고 매체에 비해 적은 예산으로 공연 정보를 지역 곳곳에 효과적으로 보여줄 수 있어 많이 활용되는 방법입니다. 인쇄물에는 홍보 컨셉에 따라 정해둔 메인 이미지, 촬영 사진, 헤드라인, 스토리텔링 등이 활용됩니다. 포스터는 이미지 중심의 공연 컨셉 전달이 우선되며, 공연의 핵심 개요와 기본 정보만을 텍스트로 담아냅니다. 여기에 포함되지 못한 상세 내용은 리플렛에서 공연의 특징, 관람의 당위성을 중심으로 텍스트와 이미지로 담아냅니다. 또한 프로덕션 주요 제작진과 출연진 정보, 공연의 특징, 흥미를 느낄 만한 평가, 공연 일자별 캐스팅 등의 내용도 리플렛에 효과적으로 배치합니다.

공공장소, 대중교통 시설에 배치된 전광판, 현수막, 배너 등 옥외 홍보물은 지출 비용이 높으나 일반 대중에게 광범위하게 노출된다는 장점이 있습니다. 이때 예상되는 관객층의 나이, 체류 지역 등 인구학적 자료를 분석한 후 광고 매체를 선별해야 한정된 예산을 효과적으로 쓸 수 있습니다. 또한 같은 오프라인 홍보물이더라도 종류, 매체, 시기 특

3부. 프로덕션: 역동적인 전개와 절정

성에 따라 제작, 진행 방식에 차이가 생길 수 있습니다. 각 매체의 특성을 미리 파악해 활용 계획을 세운다면, 비용과 시간 대비 효과적인 홍보를 진행할 수 있습니다.

프로그램북 제작

극장을 찾은 관객에게 공연에 관한 심층적인 정보를 전달하기 위해 프로그램북을 제작합니다. 이전에 여러 홍보 매체에서 보여준 단편적인 공연 정보와 달리, 전문 지식과 깊이 있는 내용을 통해 공연 감상의 깊이를 배가시키는 장치로 활용할 수 있습니다. 또한 관객에게는 공연을 추억하는 기념품이자, 대중적인 기록물이 되는 중요한 자료이므로 소장 가치가 느껴지도록 기획하는 것이 중요합니다.

종합예술 장르인 오페라 프로그램북에는 예술감독 또는 극장장의 공연 기획 의도, 작곡가·대본가의 작품 소개, 연출가·지휘자의 제작 의도, 제작 과정 내용, 제작진과 출연진의 프로필, 작품 및 공연에 관한 전문가의 글, 출연진 인터뷰 등의 글이 실립니다. 이미지로는 공연 제작 단계에서 작업한 무대나 의상 디자인 스케치 및 제작 과정, 연습실 현장 모습 등을 실어 공연 전후 작품에 대한 감흥과 프로덕션의 매력을 한층 높여줍니다. 이외에도 작품 대본, 프로덕션의 드라마투르그가 소개하는 작품의 특징, 평론가 또는 기자의 시선에서 바라본 공연 프리뷰 등을 실어 공연에 대한 다면적인 접근과 심층적인 이해를 도울 수도 있습니다.

프로그램북은 구성에 따라 한 권의 책을 만드는 것과 같은 노력이 요구됩니다. 기획부터 내용 구성, 원고 청탁, 디자인, 인쇄에 이르는 전 과정에 주의를 기울여야 할 부분이 많아 별도의 전담자를 두는 것이 효과적입니다.

제작발표회 개최

개막을 1~2주 남긴 시점에 효과적인 홍보 방안으로 제작발표회 또는 프레스 리허설press rehearsal을 진행하는 것도 좋습니다. 특히 대규모 프로덕션이나 창작 초연이라면 기존의 홍보 매체로 다 전달할 수 없었던 부분을 노출하면서 주목받을 수 있는 계기가 됩니다.

　본공연에 가까운 완벽한 장면을 선보인다면 이상적이지만, 제작 여건상 어렵다면 하이라이트 장면과 주요 아리아(노래) 위주로 진행하는 것도 충분히 가능합니다. 다만 연출 차원에서 주요 장면을 공개하므로 연기 연습이 어느 정도 완성된 상태여야 합니다.

　개막하는 공연장과 동일한 장소에서 제작발표회를 진행한다면 가수에게는 예비 공연으로 활용될 수 있습니다. 그러나 공개 시점에 무대 제작이 미완성 상태거나 설치에 어려움이 있다면 외부의 다른 장소를 대관하는 방법도 있습니다. 초대받아 오는 사람들의 방문이 편리한 위치에 있는 소극장이나 현재 사용중인 연습실을 활용해도 좋습니다. 당일에는 각 파트가 동시다발로 진행되므로 이를 위해 사전 준비와 역할 분담을 철저히 하는 것이 중요합니다. 통상 이뤄지는 제작발표회를 기준으로 기본적인 준비 사항을 정리해 보았습니다.

제작발표회 사전 체크 리스트

D-14

☐ 제작발표회 일시, 장소, 형식 등 최종 확인

☐ 시연할 하이라이트 장면 선정 및 순서 배치(제작진·출연진과 사전 논의)

☐ 참석자 명단 작성(언론사, 공연 관계자, 인플루언서 등)

☐ 참석자 초대장 발송 및 참석 여부 확인

D-7

☐ 제작발표회 큐시트 작성

☐ 사회자 대본 준비(공연 개요, 제작진·출연진 소개, 하이라이트 장면 소개 등)

☐ 참석하는 프로덕션 관계자 소감 및 질의응답 구성(사전 예상 질문 정리 등)

☐ 당일 배포할 프레스킷 제작(작품 및 공연 정보, 제작진·출연진 정보 등)

☐ 최종 참석자 명단 업데이트

D-3

☐ 제작발표회 구성에 따른 출연진 연습 점검

☐ 제작발표회 현장 동선 점검

☐ 최종 참석자 자리 배치(언론사 내에서도 취재, 영상, 사진기자 좌석 배치 구분)

D-day

☐ 최종 참석자에게 일시, 장소 알림 문자 발송(하루 전 또는 당일 아침)

☐ 큐시트에 따른 제작발표회 진행

☐ 제작발표회 종료 후 언론사 기사 및 인플루언서 후기 노출 검토

마케팅 전략 수립과 운영

✦

홍보 파트가 공연 정보를 대중에게 알리고 호감을 얻는 데 목적을 둔다면, 마케팅은 티켓 판매를 촉진하는 데 그 목적이 있습니다. 또한 공연을 관람할 가능성이 높은 명확한 대상을 설정하고 설득할 수 있는 구체적인 방법을 도출해야 합니다. 이를 위해 STP 전략을 활용하면 좋습니다. STP 전략은 시장을 세분화Segmentation하고, 세분화된 시장 중 표적 시장을 선정Targeting하여, 그곳에서 어떤 위상을 확보할 것인지 Positioning에 대한 방안을 수립하는 전략입니다.

STP 분석

가장 먼저 시장 세분화는 소비자의 수요에 따라 일반 시장을 여러 개의 세분화된 시장으로 나누는 작업입니다. 시장을 세분화할 때 흔히 4개의 기준 변수인 인구 통계적, 지리적, 심리적, 행동적 특성을 중심으로 분류합니다. 대개 연령·성별·직업·소득·학력·가족구성원 등의 인구 통계적 기준을 중심으로 나눠왔으나 최근에는 소비자 행동이나 구매 행동을 기준으로 구분하는 경우도 늘어나고 있습니다. 예를 들어 12월 연말연시 시즌 공연을 제작 중이라면 해당 공연 특성을 감안할 때 더 많이 선호하는 성별이나 연령대 등을 중심으로 구분할 수도 있고, 평소 문화예술 향유 부분에 대한 비용 지출 여부 등을 기준으로 나눠볼 수 있습니다.

이렇게 세분화된 시장에 해당하는 소비자의 성향과 특성을 분석하면서 이들의 욕구를 활용한 전략을 수립합니다. 전략에 따라 공연예술 시장 전반에서 우위를 차지하거나 동종의 경쟁 관계에 따른 대응 방안을 구사할 수 있고, 무엇보다 한정된 예산을 효과적으로 사용할 수 있습니다.

시장 표적화는 시장 세분화를 통해 구분된 소비자 가운데 해당 공연을 선택할 가능성이 높은 핵심층을 표적 시장으로 선별하는 과정입니다. 시장 세분화를 통해 분류된 시장 중에서 집중적으로 마케팅을 진행할 하나 또는 여러 개의 세분화된 시장을 선택합니다. 세분화된 시장의 규모, 수익성 등을 고려하는 시장 요인, 유사 공연과의 경쟁 정도나 대체제의 위협 등을 살피는 경쟁 요인 등을 평가 기준으로 충분히 고려합니다. 이에 따라 세분화된 시장의 매력도가 높거나 다른 경쟁사가

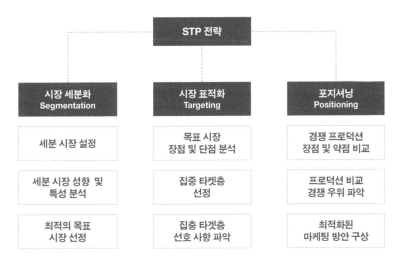

마케팅 STP 전략 구조도

진입하지 않는 경우에는 단일 시장을 표적으로 잡거나, 내부 자원이나 역량이 충분한 경우 두 개 이상의 복수 표적 시장을 선택하기도 합니다. 예를 들어 시장 세분화 과정을 통해 우리 공연의 표적을 서울 내 거주 또는 직장에 다니며 문화에 관심 있는 20·30대 여성, 12월에 데이트 또는 지인 모임을 계획 중인 30·40대 남성, 주최 측의 기존 공연 티켓 구매자 등으로 좁혀볼 수 있습니다.

포지셔닝은 표적 시장에 있는 소비자들에게 수많은 경쟁자를 제치고 우리의 공연이 자리매김하는 과정과 활동입니다. 경쟁사 대비 우리 공연의 차별화된 속성을 강조하는 제품 속성에 의한 포지셔닝, 공연의 상징적이고 감성적인 속성과 편익을 드러내는 이미지 포지셔닝, 관객을 시장 특성이나 대상에 맞게 설정해 보여주는 사용자 포지셔닝 등이 있습니다. 앞서 언급한 가상의 시장 표적을 상대로 '크리스마스 데이트 코스 공연', '20·30 여성들이 가장 많이 선택한 공연', '세상에 둘도 없는 사랑 이야기에 마음이 따뜻해지는 공연' 등과 같은 포지셔닝으로 구체적인 마케팅 전략을 수립해 이를테면 '공연 티켓과 고급 레스토랑 식사가 결합된 할인 패키지'와 같은 구체적인 활동을 진행하게 됩니다.

마케팅 활동 구체화

STP를 통해 도출된 타겟을 대상으로 진행할 마케팅 활동을 정리해 봅시다. 대개 티켓 할인, 프로모션, 이벤트 등이 자주 활용되며, 공연 개막을 앞두고 적절한 시기와 환경을 설정하는 것이 중요합니다.

티켓할인은 적정 할인율 및 일정을 통해 판매를 촉진시킬 수 있는 활동입니다. 티켓 판매 시작 시점부터 종료 시점까지 일정을 잘 안배하여 차례로 할인율을 제공하는 것을 구상할 수 있습니다. 티켓 예매 플랫폼을 활용할 경우, 티켓 오픈 초기에 일정 기간 동안 조기 예매 할인을 적용하는 것도 보편적인 방법입니다. 설정된 대상의 관심사 또는 활동 범위가 겹치는 기업·브랜드와 파트너십을 맺고 별도의 할인 마케팅, 프로모션, 이벤트를 진행할 수도 있습니다. 이를테면 항공사, 백화점, 식음료, 문화센터 등이 해당됩니다. 외부 기업과 협력할 경우 공연 주최 측에 없는 고객 데이터까지도 포함할 수 있어 효율성과 확장성을 높일 수 있습니다. 프로덕션 운영 과정에서 이미 체결된 파트너십, 스폰서십이 있다면 해당 기업의 특성에 맞춰 이벤트와 프로모션을 진행할 수도 있습니다. 한편, 주최 측이 매번 선보여온 공연에 고정 팬층이 형성되어 있다면 이들을 위한 티켓 할인 등의 특별 혜택을 제공하는 방법도 있습니다.

이 외에도 본공연과 연계한 이벤트를 진행할 수도 있습니다. 예를 들어 티켓 예매가 부진한 날짜를 파악해 '관객과의 대화' 또는 '공연 전 현장에서 듣는 아카데미 강좌'와 같은 이벤트를 추가해 해당 일자의 티켓 판매를 촉진하는 방법입니다.

하나의 방향성 아래 전략적이면서 다채롭게 구성된 마케팅 활동은 티켓 판매를 촉진하는 동시에, 프로덕션이 공연 외에도 관객을 위해 다채로운 혜택과 서비스를 준비했다는 인상과 함께 주최 측에 대한 긍정적인 인식을 높이는 계기가 될 수 있습니다.

기존 고객 데이터 활용

이전에 공연을 관람했던 관객 데이터를 활용하는 방안도 있습니다. 고객관계관리 시스템인 CRMCustomer Relationship Management이 대표적입니다. 주최 사에서 CRM을 구축하고 있다면 그동안 수집된 구매 이력, 선호 장르 등의 데이터를 분석 후 세분화하여 신규 공연에 대한 구매를 유도하는 마케팅을 진행할 수 있습니다. 또한 평소 고객 관리를 위해 다양한 관객 참여 프로그램을 기획해 혜택을 제공할 수도 있습니다. 기존 관객을 대상으로 하는 극장 투어, 예술가와의 만남, 예술 아카데미 또는 기업 회원을 위한 단독 행사나 공연 등이 실제로 이뤄지는 사례들입니다. 무엇보다 고객 데이터를 지속적으로 분석하고 관리해 장기 고객이자 충성 고객을 더 많이 확보할수록 신규 공연에 대해서도 차별화된 마케팅을 펼칠 수 있습니다.

홍보·마케팅 일정 정리

✦

앞서 언급한 홍보·마케팅 전략에 따른 활동을 구체화하면서 해당 일정을 정리해 관련 담당자들과 공유하는 것이 중요합니다. 이때 공연 개막을 기점으로, 실행 기간 및 노출 시점을 역순으로 계산하고, 주차별로 한눈에 들어오도록 정리하면 보다 효과적인 공유와 확인에 도움이 됩니다. 또한 일정에는 공연 종료 이후에 이뤄지는 언론 보도까지도 포함해야 합니다.

구분	내용	4월				5월				6월				7월				8월	
		1	2	3	4	1	2	3	4	1	2	3	4	1	2	3	4	공연	후속
홍보 · 마케팅	홍보 컨셉 설정	■	■	■	■														
	메인디자인, 스토리텔링 등		■	■	■														
	사진 및 영상 촬영				■														
	인쇄물 제작 및 배포						■	■	■										
	옥외홍보물 게시									■	■	■	■	■	■	■	■		
	1차 보도자료 작성/배포					■													
	2차 보도자료 작성/배포										■	■							
	3차 보도자료 작성/배포													■	■				
	티켓 오픈					■													
	협력사 프로모션									■	■	■	■	■	■	■	■		
	라디오, 방송 협력 이벤트													■	■	■	■		
	온라인 채널 활용 (회차별)									■	■	■	■	■	■	■	■		
	소셜 네트워크 활용 (회차별)									■	■	■	■	■	■	■	■		
	쇼케이스 개최 기획 및 진행													■	■				
	프로그램 책자 발간													■	■				
	방송 프로그램 노출													■	■				
	프레스 리허설																■		
	티켓 판매 결과 정리																	■	■
	공연 평가 (언론, 관객 외)																	■	■

홍보·마케팅 일정표 예시

대개 홍보·마케팅 파트는 공연 기획 단계 직후부터 시작되며, 본격적인 활동들은 공연 개막 3~4개월 전부터 순차적이면서 동시다발로 이뤄집니다. 업무를 진행할 때 공연을 둘러싼 여러 환경 변수에 영향을 받아 세부 일정에 변동이 생길 수 있으며, 이때 관련 담당자들과 신속하고 원활하게 공유하는 것이 중요합니다. 특히 언론 홍보의 경우 동기간 내 경쟁이 될 만한 공연의 홍보 추이를 살피며 기간을 조율하는 것이 좋습니다.

9장

공연
진행

공연 개막을 앞둔 시점에는 무대를 중심으로 최종 준비 과정이 진행됩니다. 무대 셋업을 마치고, 여러 차례에 걸친 무대 리허설을 통해 공연의 완성도를 최상으로 높입니다. 공연 당일에 파트별 스태프들은 무대점검, 출연진은 의상·헤어·메이크업을 마치고서 무대에 나설 준비를 합니다. 오랜 기간 쌓아 올린 모두의 예술을 선보이는 공연이 시작되는 것입니다.

한편, 하우스 매니저를 비롯한 안내원은 공연장 로비와 객석에서 관객을 맞이합니다. 관객이 공연장에 들어서는 순간부터 공연을 관람하고, 종료 후 공연장을 떠나기까지 안전과 편안함을 세심하게 살핍니다. 기획 프로듀서는 공연 전후로 무대와 로비에서 진행되는 사항을 점검하고, 객석에서 공연을 모니터링하는 등 상황을 수시로 파악합니다. 지금부터는 공연 개막 직전, 그리고 공연 당일에 각 파트에서 진행되는 과정을 살펴보겠습니다.

무대 셋업

✦

연출가가 주축이 되어 파트별 디자이너가 구상하고 표현한 시각 요소를 무대 위에 실제화하는, 즉 미장센을 그려내는 단계입니다. 무대 셋업은 작품의 규모, 공연장 상황에 따라 다르지만 통상 공연 개막을 기준으로 10~20일 전에 이뤄집니다. 무대 셋업이 시작되기 전 공연장 점검이 이뤄지며, 무대 세트를 비롯한 파트별 디자인 요소들이 스태프 회의

무대 셋업 모습

3부. 프로덕션: 역동적인 전개와 절정

에서 결정된 일정에 따라 차례대로 설치되기 시작합니다. 무대 셋업부터 철수까지 무대에서 벌어지는 모든 일에 대해서는 무대감독이 책임을 맡아 관리·감독합니다.

먼저 스태프 회의에서 정한 작업 순서대로 도면에 따른 무대 세트가 하나씩 설치됩니다. 때에 따라 천장에 설치된 바턴을 사용해 무대의 피스를 걸거나, 바닥의 특정 위치에 고정한 후 대도구와 소품 등이 정해진 위치에 배치됩니다. 또한 무대기계 사용을 염두하면서 안전 및 구도상 위치를 파악해 작동 이상 여부를 테스트합니다.

이후 조명 행잉을 진행하고 포커싱을 마친 후, 조명 디자인에 따라 장면마다 달라지는 사항을 저장하는 메모리 작업을 합니다. 영상 파트역시 프로젝터 설치 후 디자인한 장면을 오퍼레이터가 저장하고 구도를 잡으며 리허설 전까지 준비를 마칩니다.

공연 구성에 따라 음향 부분도 추가로 준비됩니다. 오페라 공연의 경우 가수의 목소리가 마이크 같은 별도의 음향 장비 없이 순수하게 관객에게 전달됩니다. 반면 특수 효과음은 별도의 음향을 사전에 녹음해 적정 타이밍에 재생할 준비를 완료합니다. 이외 포그fog 같은 특수 효과도 사전에 준비를 마쳐둡니다.

무대 셋업 기간에는 프로덕션의 전체 참여자 중 출연진 및 스태프처럼 무대에서 직접적인 행위를 하는 사람들에게 법령에 따른 안전교육이 필수입니다. 개인별로 온라인 안전교육을 이수한 뒤 수료증을 제출하고, 더불어 공연장 상황에 따라 무대 안전관리 책임자 주도로 공연장에서 진행하는 방식이 병행되고 있습니다.

조명 행잉 모습

무대 리허설

✦

연습실에서 이뤄지는 막바지 연습과 무대 위 셋업이 함께 종료되는 시점에 무대 리허설이 시작됩니다. 공연의 예술적 완성도를 높일 수 있는 마지막 단계로써 무대 리허설은 본공연과 거의 흡사한 조건과 환경에서 진행하는 것이 원칙입니다.

무대 리허설은 목적과 특성에 따라 테크니컬 리허설, 드레스 리허설, 제너럴 리허설로 나눠집니다. 이 과정에서 지휘자는 가수와 오케스트라 음악을 총책임지며 최종 준비를 마무리하고, 그간 연출가와 함께 연습실에서 완성한 장면들은 무대화가 됩니다. 각 단계의 리허설이 쌓이면서 공연의 완성도는 더욱 심화됩니다.

테크니컬 리허설

본격적인 무대 리허설인 드레스 리허설에 앞서 테크니컬 리허설technical rehearsal을 통해 무대에서 사용되는 여러 장비의 기술적인 부분을 살피고 확정합니다. 이때 공연의 특정 장면을 구현하는 데 사용되는 회전무대나 상·하부 기계가 의도대로 원활하게 움직이며, 출연자가 탑승했을 때 안전에 이상이 없는지 등을 확인합니다. 장면 전환 같은 무대 진행이 순조로운지, 출연진 움직임에 따라 조명이나 영상 전환이 매끄러운지도 다양하게 점검합니다. 이외 연출가와 디자이너가 제시한 대도구, 소품의 위치를 확정합니다.

공연 큐사인을 보내는
무대감독

같은 종합예술 장르이더라도 뮤지컬에 비해 오페라 공연은 회전무대, 상·하부 기계 사용이 적은 편에 속합니다. 또한 오페라 공연에 적합하지 않은 극장이나 야외에서 이뤄지는 공연 등을 제외하면 가수의 마이크 사용이 거의 없습니다. 이를 감안해 테크니컬 리허설은 각 파트의 원활한 무대 운영을 확인한 후, 출연진이 피아노 반주에 따라 공연의 처음부터 마지막까지 모든 동선을 맞춰보는 피아노 리허설piano rehearsal과 병행되기도 합니다. 무대에서 모두가 처음 확인하는 리허설이기에 그동안 연습실에서 해오던 움직임과 방향, 거리 등을 무대에 맞춰 조정하고 확정합니다. 또한 캐스팅 팀별로 공연 전체에 대한 리허설을 진행해 서로 간의 약속을 다시 확인합니다.

드레스 리허설

본공연에서 선보이는 모든 것을 그대로 적용해 진행하는 드레스 리허설dress rehearsal은 본공연을 앞두고 점검하는 리허설입니다. 그동안 준비했던 사항들을 짧은 시간 내에 확인하면서 효과적으로 수정·보완해 공연의 완성도를 높일 수 있는 매우 중요한 시기입니다. 동시에 공연이 임박한 시점이므로 문제가 발생했을 경우, 빠르게 대응해 위기를 넘겨야 하는 순간이기도 합니다.

드레스 리허설에서 각 파트별 디자이너와 오퍼레이터, 스태프들은 각자 맡은 영역의 세부 사항까지 모두 준비하고 이상이 없는지 확인합니다. 음악 파트는 지휘자가 정한 오케스트라 배치도를 드레스 리허설 전에 무대 진행팀에 제출해 악기 반입 및 위치를 확정합니다.

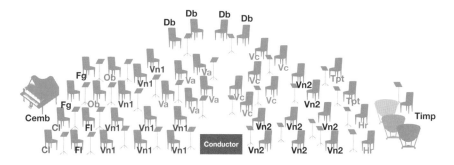

오페라 공연 오케스트라 배치도 예시

리허설 시작 전 부지휘자나 음악 코치가 가수별 성량과 오케스트라의 소리 및 잔향을 확인합니다. 이때 무대와 객석 간의 음향을 테스트하면서 객석에 최적화된 음향 밸런스를 결정하게 됩니다. 이를 위해 전반적인 사항을 무대감독과 논의하면서 가수의 성량 등을 고려해 오케스트라 배치를 일부 변경하거나, 오케스트라 피트$^+$의 높낮이를 달리하는 방식으로 음향 밸런스를 조정합니다. 출연진에게는 무대 의상, 장신구, 분장, 헤어가 모두 적용됩니다.

드레스 리허설을 시작할 준비가 되었다면, 연출가 및 각 파트별 디자이너들이 모니터링을 위해 객석에 자리합니다. 드레스 리허설은 무대감독의 주도 아래 런스루run-through^{++}로 진행되며, 다만 지휘자와 연출가의 긴급 요청 또는 안전 상 이슈가 발생한다면 중단 후 재정비하여 진

✦ 오케스트라 피트(orchestra pit)는 흔히 오페라·발레 공연 시, 무대와 객석 사이에 오케스트라가 연주하는 공간을 의미하며, 무대 앞에 아래로 깊이 들어간 형태를 갖추고 있다.

✦✦ 런스루(run-through)는 연습 또는 리허설의 처음부터 마지막까지 끊지 않고 실제 공연처럼 한 번에 이어서 하는 방식을 의미한다.

행합니다. 모니터링 과정에서 수정·보완 사항이 발생한 경우 인터미션 또는 리허설 종료 후 연출가 및 무대감독과 함께 상의하여 정리합니다. 또한 제작진, 출연진, 스태프 모두에게 가장 예민한 시점이므로 각자의 영역에서 최선을 다해 기량을 발휘하도록 환경을 조성하는 것이 중요합니다.

제너럴 리허설

본공연을 앞두고 모든 것을 최종 점검하는 제너럴 리허설general rehearsal을 진행합니다. 이때 한 회차를 언론 홍보 일환의 프레스 리허설press rehearsal로 진행할 수도 있습니다. 이를 위해 프로덕션 제작 과정을 계속 살피면서 진행할 여건이 되는지 예술감독 및 제작진 의견 수렴의 과정이 필요합니다. 본공연 직전까지 수정·보완이 필요한 상황이라면 제너럴 리허설에 몰두해야겠지만, 어느 정도 완성도가 갖춰져 여유가 있다면 마지막 회차를 언론사 기자들에게 공개하는 프레스 리허설로 전환할 수 있습니다. 프레스 리허설은 실제 공연과 동일한 조건으로 처음부터 끝까지 시뮬레이션하며 첫 관객인 기자들의 여러 의견을 사전에 취합해 볼 수 있는 기회가 됩니다. 특히 창작 작품 공연 또는 국내 초연인 경우 관객뿐 아니라 기자 역시 실제 공연을 보기 전까지 작품을 제대로 알기란 쉽지 않습니다. 때문에 제너럴 리허설 관람 후 보도되는 내용은 이전의 정보 전달성 기사와는 차원이 달라집니다. 특히 이때 촬영된 사진과 영상을 통해 홍보에도 큰 차이가 생기기에, 가능한 여건 내에서 프레스 리허설 진행을 추천합니다.

오케스트라 연주에 맞춰 공연하는 모습

공연 개막

✦

본공연 직전에는 출연진과 스태프를 위한 무대 점검과 로비·객석 관리가 이뤄집니다. 예술감독, 제작감독, 연출가, 디자이너 등 무대에 직접 출연하거나 참여하지 않는 제작진들은 객석에서 공연을 모니터링하거나 무대 뒤에서 공연 진행 상황을 확인합니다.

무대 최종 점검·대기

공연 당일에는 최종 제너럴 리허설에서 수정·보완된 사항을 확인하며 무대 점검을 합니다. 이때 좋은 아이디어가 생각났더라도 최종 리허설 시점까지 공유되지 않았다면 되도록 본공연에서 시도하지 않는 것이 좋습니다. 만약 어쩔 수 없는 상황이 발생해 수정·보완이 필요하다면 무대감독과 상의 후 관련된 모든 파트와 해당 내용을 충분히 공유하여 본공연 시 착오가 절대로 생기지 않게 합니다. 그렇지 못할 경우, 무대 위 출연진 사이에서 혼선이 생기거나 이로 인한 안전사고가 발생할 수 있습니다. 출연진은 사전에 공유된 일정을 확인해 의상, 분장, 헤어를 모두 마치고 각자의 대기실에서 무대에 나설 준비를 합니다.

로비 및 객석 점검·운영

공연장을 찾는 관객 편의를 위해 운영되는 로비와 객석의 총책임자는 하우스 매니저입니다. 하우스 매니저의 지시에 따라 하우스 안내원이

객석에서 공연 시작을 기다리는 관객 모습

곳곳에 배치되어 관객들의 편의를 직접 돕습니다. 공연장 시설과 관련된 부분은 시설관리팀에서 맡아 청결과 안전에 문제가 발생하지 않도록 확인합니다. 하우스 안내원들도 공연 전 객석의 좌석 상태를 살피며 함께 점검합니다.

공연 전 도착한 관객은 예매한 티켓을 찾고, 로비에 잠시 머무르게 됩니다. 이때 공연장에 마련된 물품 보관소 같은 기본 시설 외에도 서비스 차원에서 제공되는 기념품 판매 부스, 포토존 같은 이벤트 코너를 이용하게 됩니다. 참고로 공연 기간 중 임시 부스를 운영할 때는 사전에 공연장 대관 담당자와 협의를 통해 진행합니다.

객석 입장을 알리는 방송이 나오면 관객은 하우스 안내원의 도움을 받아 소지한 티켓을 확인받은 뒤 지정된 자리에 앉습니다. 공연장에 처음 방문하는 관객이라면 이러한 과정이 생소할 수 있습니다. 이를 위해 하우스 안내원들이 배치도에 따른 좌석을 안내하고 공연에 방해되는 휴대전화 사용과 관람 시 주의 사항에 대한 안내 방송을 내보냅니다.

공연 모니터링

무대 감독이 무전을 통해 각 위치에 있는 스태프들에게 시작을 알리면서 공연의 막이 오릅니다. 출연진은 그간 쌓아온 기량을 유감없이 발휘하며 관객과 호흡을 함께 합니다.

같은 시간대에 하우스 안내원들은 자신이 맡은 구역에서 객석을 살피고, 일부 관객으로 인한 돌발 상황에도 대처하면서 관객들이 편안하게 공연을 관람할 수 있는 환경을 조성합니다. 한편, 공연 시작 후 도착한 관객들이 있다면, 사전에 무대팀과 약속한 지연 관객 입장 시간에 따라 안내합니다.

프로덕션 기획팀에 해당하는 예술감독, 제작감독, 기획 프로듀서 및 홍보 담당자들은 가급적 모든 회차의 공연을 객석에서 모니터링합니다. 하지만 진행 상 우려되는 부분이 있을 때는 인원을 무대 뒤, 객석, 로비로 나눠 대기할 때도 있습니다.

기획팀은 실시간 모니터링을 통해 공연예술의 '현재성'을 확인합니다. 무대를 감시 또는 평가하는 것이 아닌, 적게는 수개월에서 많게는 수년에 걸쳐 기획·제작해온 프로덕션의 결과물을 자체적으로 돌아보는 시간입니다. 프로덕션에서 설정한 컨셉과 현재 공연이 얼마나 부합하는지, 출연자 개인이 역량을 발휘하는 데 문제가 없는지, 각 장면에서 관객들의 집중력과 호응도가 어떠한지를 중심으로 살펴봅니다. 이러한 모니터링은 프로덕션의 재공연이나 차기작 기획에 큰 도움이 됩니다. 혹여 공연 모니터링 도중 돌발 상황이 발생했을 경우 즉시 상황을 파악해 대처해야 합니다.

공연 당일 돌발 상황, 어떻게 대처할까?

오랜 기간에 걸쳐 철저하게 프로덕션을 운영하고 공연을 준비했더라도, 공연 당일에 갑작스러운 일들이 종종 발생할 때가 있습니다. 예를 들어 무대에 오르는 주역의 컨디션 난조로 인해 다른 출연자로 교체되거나, 공연 직전 무대 기술상 문제로 정시에 공연을 시작하지 못하는 경우입니다. 공연 도중 무대 장치의 오작동으로 인해 잠시 중단되는 상황도 발생합니다. 사전에 막을 수 있는 문제라고 말할 수도 있지만, 아무리 철저히 점검했더라도 갑작스럽게 발생한 사고에 대해서는 즉각적인 대처를 어떻게 하느냐가 더욱 중요해집니다.

공연 전이나 공연 도중 갑작스러운 문제 상황이 발생했을 경우 프로덕션 내부에서는 예술감독, 제작감독, 기획 프로듀서, 해당 파트 담당자가 모여 신속한 논의를 거쳐 필요한 조치를 취합니다. 이와 함께 대외적으로 관객이 이해할 수 있도록 상황 설명과 함께 양해를 구해야 합니다.

공연 개막 전이라면 홈페이지, 공연장 로비 등 사전 예매자가 확인할 수 있는 온·오프라인 공간에 해당 내용을 게시합니다. 하지만 공연 당일 관객이 객석에 입장했거나 공연 도중에 벌어진 상황이라면 무대 뒤에서 조치를 취하는 동안, 가급적 프로덕션의 총책임자가 나서서 장내 방송으로 상황을 알리는 것이 좋습니다. 이때 갑작스럽게 발생한 상황을 최대한 사실 그대로 알리면서 현재 어떤 조치를 취하고 있는지, 정상적인 진행을 위해 소요되는 예상 시간도 함께 언급하는 것이 좋습니다.

이후 공연이 정상적으로 진행된다면 다행이지만 갑작스러운 상황을 해결하기 어려워 공연 취소로 이어지는 예도 있습니다. 이때는 사전에 정한 매뉴얼에 따라 불편 사항 접수 및 환불 등의 후속 조치를 취하고, 이후 온라인 소통 창구를 통해 이에 대한 사과문을 게시하면서 공식 입장을 다시 밝히고 상황을 매듭짓는 것이 필요합니다.

4부

포스트 프로덕션 :
다음을 위한 마무리

10장

프로덕션
정리

모든 공연을 마친 프로덕션은 정리 단계에 들어갑니다. 관객의 시선에서는 공연이 성공적으로 종료되었더라도, 프로덕션 차원에서는 중요한 과정이 아직 남아있습니다. 공연을 위해 만들어진 각종 제작 예술품을 철수, 보관하는 것뿐 아니라 공연 수익금 정산 및 참여자 비용 지급, 관객들의 공연 평가 확인, 업계 전문가로 구성된 합평회를 개최해 공연 프로덕션을 다양한 관점에서 평가하는 것, 마지막으로 프로덕션의 초기 기획과 공연 후 결과를 비교해 결과 보고서를 작성하는 것입니다. 포스트 프로덕션 단계에 해당되는 이 모든 과정들이 순조롭게 매듭지어져야 프로덕션 안팎으로 성공적인 공연이라 말할 수 있습니다.

공연장 점검과 무대 철수

✦

모든 공연이 종료된 후 로비와 객석은 하우스 매니저 지시에 따라 점검에 들어갑니다. 로비에서 설치된 이벤트 부스 등도 꼼꼼히 살핍니다. 파손 또는 분실된 부분이 발견됐다면 공연장 시설관리팀과 상의해 보수 작업에 들어갑니다.

무대에서는 스태프 회의에서 확정했던 작업 일정과 주의 사항을 기반으로 무대감독의 지시에 따라 철수하는 작업이 각 파트별로 진행됩니다. 프로덕션마다 작업 일정에 차이가 있지만 대체로 간단한 철거 작업부터 시작됩니다. 영상 기계, 무대 조명, 대도구 및 소품 순으로 빠져나가며, 무대 세트도 하나씩 철거해 무대 셋업 전 원형 그대로 무대를 복구합니다. 무대라는 한정된 공간 내에서 여러 작업이 이뤄지므로 스태프의 안전에 심혈을 기울여 모든 과정을 진행하는 것이 최우선입니다.

무대 철수가 진행되는 동안 출연진이 착용한 의상·장신구도 정리됩니다. 대규모 공연의 경우 수백 벌의 의상을 다루게 되므로 의상감독의 지시 아래 효율적으로 움직이는 것이 중요합니다. 정리된 의상과 무대 세트, 대도구 등은 보관을 위해 별도의 장소로 이동하게 됩니다.

무대 세트 이동 모습

제작 예술품 보관

✦

공연 종료 후 무대 철수와 함께 프로덕션을 위해 새롭게 만들어진 무대 세트, 대도구, 소품, 의상 등의 제작 예술품은 주최 측인 예술단체 또는 공연장이 보유한 외부 보관소로 옮겨야 합니다. 이를 위해 사전에 기획팀에서는 보관 공간 확보 및 예산 절감을 위해 향후 재공연 가능성을 판단하면서 제작품의 보관 범위를 결정합니다. 여건상 재공연 진행 여부를 판단하기 어렵다면 여러 기회비용을 검토해 결정을 내립니다. 예를 들어 무대 세트는 무대 제작 비용 대비, 보관 장소 대여비 및 차후 보수 작업비를 비교하고 각각의 총비용을 검토해 예산이 적게 드는 방향을 선택할 수 있습니다. 한편, 의상이나 소품은 무대 세트에 비

보관된 무대 세트를 점검하는 스태프들

4부. 포스트 프로덕션: 다음을 위한 마무리

해 보관 면적을 적게 차지하므로 주최 측인 예술단체 또는 공연장 건물 내에 위치한 보관소로 향하게 됩니다. 이때는 보관과 추후 사용이 용이하도록 사진 촬영 및 목록화 작업을 진행합니다.

이렇게 보관된 제작 예술품들은 추후 재공연 여부에 따라 일부 수정·보완되어 사용됩니다. 재공연이 성사되지 않을 경우, 주최 측의 컨셉이 비슷한 다른 프로덕션에 활용되기도 합니다. 또한 타 예술단체나 기관에 대여해 별도의 수익을 창출하는 경우도 있습니다. 이러한 부분을 감안해 사전에 연출가 또는 파트별 디자이너와 계약 시 디자인에 관한 저작권 및 추후 활용에 대한 부분을 충분히 협의하고 계약 사항에 반영하는 것이 중요합니다.

비용 정산 및 지급

✦

프로덕션에 참여한 개인과 단체, 협력 업체의 비용을 정산하고 지급해야 합니다. 이를 위해 계약 조항 및 이행 여부를 검토합니다. 예술품 제작과 홍보 관련 업무를 맡은 협력업체에 대해서는 결과물의 완성도, 이상 유무를 확인하고 특히 홍보물은 게첨 결과 등 검수 단계에서 평가했던 부분을 다시 검토합니다. 만약 계약 이행되지 않은 부분이 발견됐을 경우, 계약에 따라 이행된 부분만 정산하여 지급하게 됩니다. 인건비의 경우 같은 파트이더라도 개인별로 계약 조항의 내용이 다를 수 있으므로, 이 부분에 주의를 기울여 확인합니다.

지출 정산 검토 후 비용 지급까지도 계약 조항에 근거해 이뤄져야 하므로 회계 담당 부서와 정산 일정을 사전에 확인해 요구되는 행정 작업을 신속 정확하게 진행합니다. 행여 실수한 부분이 있다면 빠르게 대응하여 불필요한 갈등이 생기지 않도록 유의해야 합니다.

수입금 집계

공연 프로덕션의 수입은 크게 티켓 판매, 기념품 판매, 협찬·후원금으로 구분할 수 있습니다. 그 중 티켓 판매 수입을 확인할 때, 자체 판매 시스템을 보유했다면 수량과 금액 집계가 수월한 편입니다. 그렇지 않다면 티켓 오픈 당시부터 계약한 별도의 예매처에서 수수료 등 정산 절차 등을 거쳐 수입금을 받게 됩니다. 프로덕션 상황에 따라 티켓 판매를 한 가지 방법만 사용하거나 두 가지 방법 모두 사용하는 때도 있습니다. 프로그램북, 기념품 판매 등을 통한 수입도 확인합니다. 협찬 또는 후원금의 경우 계약 조항에 따라 실제로 입금된 금액까지 모두 총집계하면 프로덕션 수입금 정산이 완료됩니다.

11장

프로덕션
평가

공연과 프로덕션 전반에 대한 평가 작업은 훗날 기록과 새로운 프로덕션을 위해서도 무척이나 중요합니다. 공연 평가는 객관적으로 진행될 수 있는 대상과 방식을 결정합니다. 대표적으로 시행되는 공연 만족도 조사뿐 아니라 언론사 리뷰, 업계 전문가들과 함께 하는 합평회 등을 통해 정량 및 정성 평가를 적절하게 안배해 지표를 설정하고 분석합니다. 앞선 자료들은 이후에 이어지는 결과 보고서와 프로덕션 바이블에도 두루 활용되기 때문에 일정한 시간을 들여 정리할 필요가 있습니다. 이와 같이 프로덕션 평가를 종합하고 분석하는 것은 추후 다른 프로덕션을 기획할 때에 유용한 참고자료가 될 수 있으며, 기획 프로듀서 입장에서는 자신만의 노하우를 정리하는 셈입니다.

공연 평가 수집과 분석

✦

공연 결과를 분석하기 위해 정량 평가 및 정성 평가를 나누어 진행합니다. 정량 평가로는 티켓 판매 수량을 통한 날짜별 관객 수를 확인합니다. 앞서 수입금 집계에 활용된 자료를 통해 날짜별, 좌석 등급별 티켓 판매 수량을 함께 살필 수 있으며, 이를 통해 다양한 조건에 따른 관객 선호도를 유추할 수 있습니다. 또한 공연 기간 중 관객을 대상으로 공연 만족도 조사를 실시했다면 해당 자료 또한 공연 평가 및 분석에 큰 도움이 됩니다.

정성 평가로는 언론 매체에 실린 전문가의 공연평, 티켓 예매처나 공연 관련 사이트에 남긴 관객 소감을 확인합니다. 관객의 경우 SNS을 통해 후기를 남기는 경우가 많으므로 시간을 들여 폭넓게 검색하는 것이 좋습니다. 이 과정에서 양극단에 있는, 즉 무조건 호의적이거나 악의적인 리뷰는 어느 정도 배제하고 공연을 관람하면서 느낀 진솔한 평가에 주목해 봅니다. 이렇게 살피는 후기에서는 대체로 공통된 귀결점을 발견하게 됩니다. 이것들을 정리해 차기 재공연 시, 제작진과 상의하며 과정에 반영할 수 있습니다.

합평회 운영

✦

공연에 관해 분야 전문가들의 의견을 듣는 합평회를 갖습니다. 앞서 진행한 정량·정성적 평가와 별개로 전문적이면서 세세한 부분을 놓고 평가하는 자리입니다. 합평회에는 프로덕션 내부 전문가로 제작감독, 연출가, 지휘자, 드라마투르그 등이 참여하며, 외부 전문가로는 문화부 기자, 평론가, 관련 전공 교수 등이 참여합니다. 특히 외부 전문가들은 공연 전 참여자를 미리 선정해 합평회 전 공연을 관람할 수 있게 합니다. 또한 원활한 논의를 위해 공연 제작 기획서, 관객 관련 정량·정성적 평가 등 프로덕션 차원에서 공개가 가능한 자료들을 합평회 자리에서 공유합니다.

예술감독 주도로 이뤄지는 합평회는 공연의 좋은 점, 아쉬운 점, 제작진의 예술적 표현, 출연진의 기량, 언론의 평가, 관객 반응 등 공연에 대한 다양한 주세를 놓고 각자의 관점에서 의견을 나누게 됩니다. 공연 중 발생한 특이 사항이 있을 경우, 이에 대해 각 전문가들이 기탄없이 이야기할 수 있는 분위기를 조성합니다. 합평회에서 나온 의견들은 모두 실시간 속기로 남겨 보관하고, 추후 사업 결과 보고서 작성에 활용합니다.

사업 결과 보고서 작성

✦

공공 극장 및 예술단체의 경우, 프로덕션 기획을 시작하면서 작성한 사업계획서 대비 공연 종료 후 내부 결재와 상부 기관 보고를 위해 사업 결과 보고서를 작성합니다. 사업 계획 단계에서 설정한 항목별 추진 계획 대비 이행된 각각의 결과를 정리하는 것입니다. 이를테면 예산 계획에 대한 정산 결과, 홍보·마케팅 계획에 따른 추진 결과, 제작 계획에 따른 제작 완료 결과, 목표 예상 수입 대비 총수입 정산액 등이 해당됩니다. 여기에 언론사와 관객 리뷰 및 합평회 의견을 정리한 전반적인 여론을 추가로 반영합니다.

자료에는 프로덕션 기획 당시 목표들을 정량·정성 차원에서 얼마나 달성했는지 수치화하고, 프로덕션 운영 과정에 대한 자체 평가를 종합적으로 분석해 기재합니다. 처음 계획과 달리 이행되지 못한 부분이 있다면 이 부분도 상세히 기재해 차기 프로덕션에 도움이 될 수 있게 합니다. 또한 사업 결과보고서는 프로덕션의 기획부터 결과까지 한눈에 보고 다음에 참고하기 위한 자료이므로 결과 그대로를 최대한 명확하게 기재하는 것이 중요합니다.

프로덕션 바이블 제작

✦

공연 프로덕션 제작 과정 전반을 기록으로 정리하는 것은 프로덕션의 제작 노하우이자 향후 활동에 중요한 자료가 됩니다. 프로덕션 바이블을 통해 해당 프로덕션의 성과를 분석해 볼 수 있으며, 차후 프로덕션 재공연 시에도 매우 중요한 자료가 됩니다. 수백 페이지에 달하는 자료에는 프로덕션에 대한 모든 내용이 담겨있으므로 정리 후 외부에 노출되지 않도록 엄격하게 보관해야 합니다. 프로덕션 바이블에 포함되면

유용할 기본 내용을 아래와 같이 정리해 보았습니다.

공연 사업 계획

최초 사업계획서뿐 아니라 제작 과정을 거치면서 변경된 항목, 예산 등이 반영된 계획서를 모두 정리합니다

프로덕션 참여자 명단

파트별로 정리하며 제작진, 디자이너, 출연자, 출연단체, 스태프, 제작 업체의 명단 및 상세 프로필까지 포함합니다.

디자인 물품 제작 자료

파트별 디자인 스케치, 시방서, 제작 업체 선정 과정을 넣습니다. 훗날 효과적인 확인을 위해 제작-검수-입고-본공연-보관의 과정마다 촬영한 사진 자료를 모두 첨부하면 좋습니다.

연습 및 무대 리허설 스케줄

각 주차에 진행된 일정을 정리합니다. 또한 연습 및 무대 리허설을 진행하는 과정에서 매일 작성된 연습 일지를 함께 포함하면 좋습니다. 연습 일지에는 참여자, 연습 장면, 특이 사항, 공유 사항 등이 담겨있어 이를 통해 작품 완성 과정을 가늠할 수 있습니다.

홍보·마케팅 진행 사항

메인 디자인, 포스터 및 리플렛 디자인과 인쇄 수량, 홍보용 사진 촬영 현장, 보도자료, 언론에 보도된 기사 스크랩, 온·오프라인 홍보 목록 및 세부 진행 사항, 이벤트 및 프로모션 진행 사항, 후원사·협찬사 계약 내용 등이 포함됩니다.

최종 대본 및 악보

창작 작품일 경우 공연에 사용된 최종 악보와 대본을 넣습니다. 창작개발 기간을 함께 기재하는 것도 좋습니다.

합평회를 하는 진짜 이유

'합평회는 형식상 하는 건가요?'

합평회에 참여할 전문가를 섭외하기 위해 연락을 하다 보면 종종 듣게 되는 말입니다. 반면 합평회가 공연 평가뿐 아니라 그간 진행된 프로덕션 전반과 공연에 대해 짚어볼 수 있는 자리라는 점을 상기할 때 그 중요성은 매우 크게 다가옵니다.

합평회에는 크게 진행자와 토론에 참여하는 프로덕션에 참여한 예술가와 전문가, 외부 업계 전문가로 구성됩니다. 여기서 진행자의 역할이 중요합니다. 프로덕션 안팎에서 벌어진 다양한 주제를 발전적인 토론으로 이끌어내야 하기 때문입니다. 각 분야 전문가들이 기탄없이 진솔한 이야기를 꺼낼 수 있는 분위기를 조성하는 것도 진행자의 몫입니다. 이를 고려해 해당 프로덕션을 잘 파악하고 있는 예술감독이나 제작감독이 진행을 맡는 경우가 많습니다.

합평회가 시작되면 주제에 따라 프로덕션에 참여한 이들은 제작 과정에

4부. 포스트 프로덕션: 다음을 위한 마무리

서 생긴 이슈와 그에 대한 의견을 꺼내놓습니다. 외부 업계 전문가들은 관객으로서 감상한 관점뿐 아니라 해당 분야에 대한 전문성을 중심으로 공연의 좋았던 점과 아쉬웠던 점을 건넵니다. 만약 기존에 선보였던 작품을 공연한 것이 아닌 초연된 창작 오페라의 합평회라면 공연된 작품의 작곡과 극작에 관한 이야기부터 시작되기에 긴 시간 이야기를 나누게 됩니다.

'극 구성이 탄탄했다', '소재가 독특하다', '캐스팅·노래·연기·대사 모두 좋았다', '대본을 음악이 다 살리지 못했다', '극의 흐름이 부자연스러웠다', '극적으로 변화하는 부분에서 음악적인 변화가 없어서 아쉬웠다'

합평회에 참여하는 개개인의 전문성과 성향에 따라 다양한 의견들이 등장합니다. 제작 과정 중에 좋았던 점과 힘들었던 부분을 꼼꼼하게 정리한 노트를 가져와 세세한 의견을 제시한 전문가도 기억에 남습니다.

진행자와 기획 프로듀서는 합평회 자리에서 쏟아지는 이야기의 방향을 특정 파트를 비난하거나 허물을 들춰내려는 것이 아닌, 차기 프로덕션의 발전에 필요한 것으로 이끌어가야 합니다. 주제에 따라 토론이 원활하게 이뤄지면서 새로운 아이디어나 방법이 도출되어 프로덕션에 실제로 적용하는 경우도 상당수 있기 때문입니다.

결국 참여자들의 건강하고 심층적인 토론을 조성하는 합평회는 다양한 관점에서 프로덕션과 공연을 깊이 살피면서 작품과 공연의 완성도를 높이는 중요한 자리가 될 수 있습니다.

5부

공연예술의
미래

12장

공연예술의
지속가능성

오늘날 지구 곳곳에서 지속가능성sustainability을 중요한 가치로 다루고 있습니다. 사전적으로 '특정한 비율이나 수준을 계속해서 유지할 수 있는 능력'을 의미하는 지속가능성은 1987년 UN이 '지속 가능한 개발'이라는 개념을 제시하면서 등장해 기후 변화를 늦추고, 다음 세대를 위해 지구 환경을 보존하는 데 중점을 두고 있었습니다.[+] 오늘날에 이르러 지속가능성은 정책, 경제, 사회, 기업 등의 다양한 분야에서 다뤄지면서 친환경뿐만 아니라 형평성, 공정성, 투명성의 향상을 추구하는 방

[+] Amber Biela-Weyenberg, (2023). "What Is Sustainability? How It Works and Why It's Important". *www.oracle.com/sustainability*

향으로 보다 넓어지고 있습니다.

　이러한 흐름 가운데 국내외 공연예술계에서도 활발한 움직임이 계속되고 있습니다. 먼저 환경 보존을 위한 예술가와 공연장들의 다양한 노력뿐 아니라 장애인의 지속 가능한 예술을 위한 권리 보장과 현황을 이번 장에서 살펴보고자 합니다. 더불어 현시대에 공연예술이 최신 기술과의 만남을 통해 새로운 가능성을 모색하는 현장과 앞으로 지속하기 위해 모두가 고민해야 할 부분, 그리고 공연예술의 경제적·사회적·문화적 가치를 지속하고 증진하기 위한 관객 개발에 관해 이야기를 나누겠습니다.

환경을 위한 공연예술계의 노력
✦

전 세계적으로 환경 보호에 대한 끊임없는 외침 속에 공연예술계에서도 몇 년 전부터 친환경 제작 방식을 도입하기 위한 시도가 계속되고 있습니다. 해외의 많은 공연장과 예술단체에서 이에 대한 인식 향상을 위한 공연과 포럼 등을 개최했으며, 최근에는 더욱 실질적으로 환경을 보호할 수 있는 여러 방안이 실행되고 있습니다.

　공연 산업이 활발한 영국에서는 매년 음악 공연으로 약 40만 톤의 온실가스가 발생한다는 연구 결과를 발표했습니다. 막대한 온실가스를 발생시키는 원인에는 조명을 비롯한 무대장치, 공연 후 폐기하는 자재들, 특히 야외 페스티벌에서 사용되는 일회용품, 예술가와 관객들이 이동하는 과정 등 다양한 요소가 제기되었습니다.

이에 대한 심각성에 깊이 공감한 록밴드 콜드플레이Coldplay는 2022년부터 시작한 투어 공연 〈뮤직 오브 더 스피어스Music of the Spheres〉에서 공연장에 태양광 패널을 설치하고, 무대 제작 시 대나무와 재활용 강철을 사용해 탄소 배출을 최소화했습니다. 또한 콘서트 공간 곳곳에는 관객들이 춤추거나 자전거 페달을 밟으면서 생성되는 운동 에너지를 전기 에너지로 전환해 공연에 사용하는 장치도 마련했습니다. 가수들의 이동에 필요한 항공편 사용을 줄이는 한편, 불가피하게 비행할 경우 지속가능한 항공 연료SAF를 택했습니다. 여기에 객석 하나당 나무 한 그루를 심는 프로젝트를 진행해 콘서트를 시작한 이래 500만 그루 이상의 나무가 심긴 것으로 전해집니다. 또한 2024년 발매하는 정규 10집 앨범을 폐기물에서 회수한 재활용 페트 플라스틱을 활용한 LP와 폐기물에서 얻은 재활용 폴리카보네이트로를 재료로 한 CD로 제작해 탄소 배출량을 줄이는 데 지속적인 노력을 기울이고 있습니다.

영국 국립극장National Theatre의 주도 아래 2030년 탄소 제로를 목표로 2021년부터 시행된 가이드라인 '시어터 그린북Theatre Green Book'은 현재 영국 내 약 7개 단체가 모인 협의체로 확대되었으며 전 세계 연극 제작자들이 참여하고 있습니다. 가이드라인에는 지속 가능한 프로덕션과 운영에 대한 사항, 실내 및 실외 공연 등에 대한 세부 지침이 정리되어 있습니다. 또한 1970년대에 지어진 건물을 재건축하고 태양열과 풍력 에너지로 생성된 전기를 사용한 영국 국립극장은 이외에도 수집 탱크를 통해 모인 빗물을 건물 내 화장실에서 사용하면서, 극장 건물 지붕

Making and Disposal

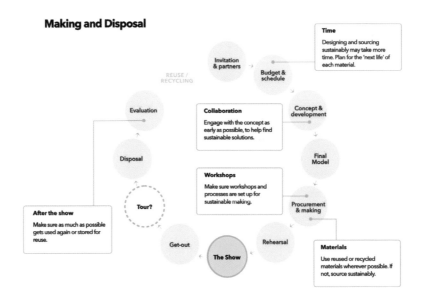

Invitation & partners

Budget & schedule

REUSE / RECYCLING

Evaluation

Collaboration
Engage with the concept as early as possible, to help find sustainable solutions.

Concept & development

Time
Designing and sourcing sustainably may take more time. Plan for the 'next life' of each material.

Disposal

Workshops
Make sure workshops and processes are set up for sustainable making.

Final Model

After the show
Make sure as much as possible gets used again or stored for reuse.

Tour?

Procurement & making

Get-out

The Show

Rehearsal

Materials
Use reused or recycled materials wherever possible. If not, source sustainably.

Paper and digital

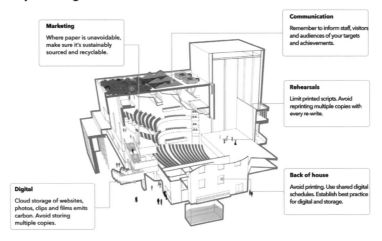

Marketing
Where paper is unavoidable, make sure it's sustainably sourced and recyclable.

Communication
Remember to inform staff, visitors and audiences of your targets and achievements.

Rehearsals
Limit printed scripts. Avoid reprinting multiple copies with every re-write.

Digital
Cloud storage of websites, photos, clips and films emits carbon. Avoid storing multiple copies.

Back of house
Avoid printing. Use shared digital schedules. Establish best practice for digital and storage.

'시어터 그린북(www.theatregreenbook.com)'에 제시된 가이드 라인

에 녹화 작업과 양봉을 통해 기후와 생물환경 보존에 힘쓰고 있습니다.

미국 브로드웨이 극장가에서는 2008년부터 시작된 '브로드웨이 그 린 얼라이언스Broadway Green Alliance' 프로젝트를 통해 친환경적인 공연 과 함께 극장 관계자, 관객들에게 환경보호에 대한 구체적인 동기부여 및 실천 방안 등을 제시하고 있습니다. 일례로 브로드웨이 공연의 전 조명을 LED와 CFLCompact Fluorescent Lamp 조명으로 교체해 매년 700톤 이상의 탄소 배출을 줄이고 있으며, 모든 브로드웨이 공연에 각종 재 활용 및 친환경 행동 실천을 담당하는 '그린 캡틴'을 배치해 백스테이 지, 의상, 분장, 공연 무대 등 프로덕션 과정에서 가능한 노력을 실천하 고 있습니다.✦

국내 공연예술계도 다양한 방안이 실행되고 있습니다. 공연에서 사 용된 예술 제작품, 홍보 인쇄물에 대해 환경 부담을 최대한 줄이는 것 을 모색하고 있습니다. 일례로 프로덕션 과정에서 제작된 무대, 의상 같 은 예술 제작품을 재사용이 가능한 소재, 또는 재활용된 소재로 제작 하는 방안이 개발, 권장되고 있습니다.

국립극단은 2022년부터 공연 종료 후 재활용이 가능한 의상, 소품, 신발 등 공연 물품을 민간 연극단체와 나누는 '빨간지붕 나눔장터' 사 업을 진행하고 있습니다. 이후 2023년에는 '기후 위기와 예술'을 주제로 약 1년여에 걸쳐 개발한 연극 〈스고파라갈〉을 선보였습니다. 자본주의 와 기후위기의 연관성에서 비롯된 고민과 이야기를 풀어낸 작품으로,

---

✦ 김효정, 「세계 국립극장의 기후 위기 대응」, 『월간 국립극장』, 2022년 9월호

국립극단 '빨간지붕 나눔장터' 모습

공연 준비 과정에서도 프로덕션 참여자들의 일회용품 사용 지양, 하루 한 끼 비건 식단 지키기, 개인별 기후 행동 캠페인 진행 등의 기후 행동 들을 실천하고 관객들과 공유했습니다. 이 외에도 국내 여러 공연장과 예술단체에서 탄소 배출량을 줄이기 위해 홍보용 책자, 프로그램북과 같은 인쇄물을 최대한 줄이고 온라인으로 배포하는 방안이 시도되고 있습니다.

　서울문화재단은 공연 물품을 공유하는 플랫폼 '리스테이지 서울 re:stage seoul'을 2023년 말부터 운영 중입니다. 온라인 사이트 및 오프라 인 창고를 통해 공연 물품을 위탁하거나 대여할 수 있으며, 온라인 사이트에 등록한 물품을 다른 이용자와 직접 거래할 수도 있습니다.

이제 우리나라도 공연예술 분야의 탄소배출을 줄이고, 환경 지속 가능성을 위한 연구와 구체적인 목표와 실행을 설정하기 위한 종합계획이 공공기관과 정부 주도 아래 이뤄져야 하는 때입니다. 이를 통해 예술단체와 공연장의 변화뿐 아니라 환경 보전, 자원 순환, 도시 재생 등으로 연결되는 종합적인 차원의 접근과 방안이 요구됩니다.

장애인의 예술 활동, 접근성에서 지속성으로

✦

예술 앞에서는 그 어떤 경계도, 차별도 없습니다. 과거 우리나라에서 장애인의 예술 활동은 사회복지 정책 차원에서 취약계층 지원이라는 관점에 머물러 있었습니다. 지난 2008년 문화예술진흥법이 개정되면서 장애인의 문화예술 교육 기회가 확대되고, 문화예술 활동을 장려하기 위한 시설의 설치가 지자체 의무로 규정되었습니다. 그로부터 5년 후인 2013년 문화체육관광부 예술국 예술정책과에 장애인의 예술 활동에 관한 업무가 배정되었고, 2015년 한국장애인문화예술원 설립을 통해 장애인예술에 대한 지원사업과 체계가 구축되기 시작했습니다. 이와 함께 장애인 문화예술을 위한 복합문화센터인 이음센터가 서울 대학로에 건립되었습니다.✦

이후 2020년 장애 예술인 문화예술 활동 지원에 관한 법률이 제정

✦ 이병화, 「장애인 예술의 필요성과 발전에 대한 정책」, 「장애인뉴스」, 2023년 6월 13일 기사

되고 장애 예술인의 문화예술 활동 촉진을 위한 구체적인 정책들이 마련되면서 장애인의 문화예술 활동도 점차 확대되었습니다. 이러한 과정에서 장애인의 예술 활동은 장애인 복지라는 인식을 넘어, 문화 다양성의 가치로 장애인의 표현의 자유를 보장하고 개성을 존중한다는 인식이 점차 늘어나고 있으며, 이제는 장애인의 지속 가능한 예술 활동을 위한 권리 보장과 적극적인 차원의 정책이 필요합니다.

한편, 지난 2019년부터 공연예술계에서 시도된 '배리어 프리barrier free' 공연은 자막 제공, 수어 통역 등으로 장애 관객의 공연 접근성을 높이기 위해 시도된 형태입니다. 장애 관객들을 위해 좌석, 로비, 출입문 등의 시설을 개선하는 공연장이 꾸준히 늘어나는 가운데, 2023년 국내 첫 장애 예술 공연장인 모두예술극장이 개관했습니다. 다른 극장에 비해 객석 의자가 크고 좌석 간격도 넉넉한 극장 무대와 객석 간의 단차를 제거한 이곳에서는 휠체어를 사용하는 예술가도 타인의 도움 없이 혼자 무대에 오를 수 있습니다.

한편, 경기아트센터는 장애예술인 스스로 예술을 공급하는 주체가 되는 기회를 조성하기 위해 2024년 하반기 장애예술인 오케스트라 창단을 준비하고 있습니다. 연습실 마련과 오케스트라를 전담하는 별도의 행정 직원을 채용하는 등 기초 환경을 조성하고 있으며, 향후 단원을 돌보는 보호자의 정서적 안정과 심리 지원을 위한 교육 프로그램도 구상 중인 것으로 알려져 있습니다. 더불어 장애예술인의 다양한 창작 환경을 지원하고 더 많은 기회를 부여하기 위해 경기복지재단과 장애예술인을 위한 상호 교류 협력 업무 협약을 체결한 경기아트센터는 도

모두예술극장 내부 전경

휠체어 이용자의 눈높이에 맞춘 안내 데스크

내 장애예술인 작품 활동과 홍보를 위한 기반을 마련하는 데에도 힘쓰고 있습니다.

클래식 음악을 토대로 지속적인 예술 교육과 공연을 통해 장애 예술인을 양성해온 사례도 있습니다. 시각장애 예술인으로 구성된 한빛예술단과 하트-하트재단이 운영하는 발달장애인 하트하트오케스트라입니다. 두 단체의 조직구성과 운영 방식은 다르지만, 공통적으로 장기간에 걸쳐 장애인을 위한 예술교육과 지속적인 공연을 통해 예술인으로서 활동을 보장하는 매우 중요한 역할을 하고 있습니다.

장애인들이 문화예술 교육을 체계적으로 받고 다양한 곳에서 예술 활동을 하는 데에 여전히 어려움이 많습니다. 보다 많은 문화예술 공공기관에서 관심을 갖고 정책을 수행하며 더 나아가 지속적으로 장애 예술인을 양성하고 지역 특성에 따른 장애 관객을 개발하는 다양한 시도가 필요합니다. 이들을 위한 예술교육 또한 일회성이나 행사용에 그치는 것이 아니라 지역 사회 내에서 보편성으로 뿌리내릴 수 있도록 다양한 기관과의 체계적인 협력을 통해 지속 가능한 모두의 예술을 모색할수 있어야 하겠습니다.

예술과 기술, 새로운 가능성을 위한 준비

✦

팬데믹 이후 디지털 전환이 사회적 화두로 떠오르면서 국내 공연예술계에도 로봇, 인공지능Artificial Intelligence, AI, 메타버스metaverse 등을 통한 다양한 시도가 눈에 띄게 늘어났습니다. 지난 2023년 국립국악관현악단의 관현악 시리즈 〈부재不在〉에는 인간 지휘자와 로봇 지휘자가 따로, 또 같이 연주자들과 호흡을 맞췄고, 국립극단이 2024년에 선보인 연극 〈천 개의 파랑〉에서는 로봇이 배우가 되어 무대에 올랐습니다. 두 공연에 등장한 로봇들은 사전에 입력된 정보를 정확히 구현하는 수준에 머물러 아쉬움이 있었으나, 현재진행형의 로봇공학 기술력과 공연예술과의 결합 가능성을 확인하는 기회였습니다.

한편, 인공지능(이하 AI)을 활용한 음악 공연들도 관객들에게 새로운 경험을 선사했습니다. 일례로 서울시립교향악단은 2024년 콘서트 〈과거와 미래의 교향곡: AI의 선율〉에서 AI가 편곡하거나 작곡한 다양한 작품들을 선보였습니다. 비발디 '사계'를 토대로 전 세계 각 지역에서 2050년까지 달라지는 기후 예측 데이터를 AI로 작곡·편곡한 '사계 2050', 슈베르트가 2악장까지 만들고 세상을 떠나 미완성 상태로 남아있던 교향곡을 미국의 작곡가 루커스 캔터Lucas Cantor가 AI로 완성한 '미완성 교향곡' 3악장, 베토벤 단생 250주년 기념해 작곡가 발터 베르초바Walter Werzowa를 비롯해 음악학자, 컴퓨터 과학자들로 꾸려진 프로젝트팀이 약 2년간에 걸쳐 베토벤이 남긴 초고와 음악 스케치를 통해 AI로 완성한 교향곡 10번 중 3악장이 연주되었습니다.

우리가 살고 있는 현실세계와 가상세계를 연결하는 메타버스에서의 초창기 공연은 2020년 온라인 게임 포트나이트Fortnite에서 미국의 래퍼 트래비스 스콧Travis Scott과 관객들이 아바타로 만나 퍼포먼스를 보여주는 형태로 시작됐습니다. 여기에서 더 나아가 2023년 공연된 퓨처데

이즈Futuredays의 메타버스 오페라 공연은 AI와 가상현실VR, 증강현실AR, 혼합현실MR을 포괄하는 확장현실eXtended Reality, XR 기술을 적극 활용해, 관객과 예술가 모두 아바타로 메타버스 작품 속에 들어가 소통하면서 관객의 선택과 반응에 따라 작품의 다양한 요소와 상호작용하는 경험을 제시했습니다.

시간이 흐르면서 AI를 비롯해 가상현실, 증강현실, 확장현실 기술 분야는 각기 다른 발전 양상을 보이고 있습니다. 과거 산업혁명 시대에 발전한 기술들이 예술가들의 창작 활동에 쓰인 것처럼 오늘날에도 동시대 예술가들에게 최신 기술은 새로운 창작 도구로써 공연예술의 경계를 확장하고 지속적인 변화를 불러올 것입니다. 또한 흥미롭고 다채로운 미래 공연예술의 수혜자인 관객들의 경험 또한 무척 기대되는 부

국립국악관현악단의 공연 〈부재〉 무대 오른 지휘자와 로봇 지휘자

5부. 공연예술의 미래

분입니다.

공연예술계에서 최신 기술을 활용하면서 따르는 우려도 있습니다. 먼저 예술 창작품으로서의 공연보다는 새로운 기술을 시도하거나 단순히 이용하는 정도에 머무르는 것입니다. 기술 활용이 우선시되어 공연예술의 본질과 특성을 저해하지 않도록, 창작하는 예술가 스스로 예술과 기술의 적절한 균형과 조화를 추구하는 것이 중요하겠습니다.

더불어 생성형 AIGenerative AI를 통해 예술작품을 창작하는 시도가 점차 늘어나면서 발생하는 저작권 문제도 함께 고민해야 합니다. 전 세계적으로 AI의 창작물을 저작권으로 보호하는 명시적 입법은 없는 상태입니다. 미국에서는 '인간'의 창작적 개입이 없는 AI 산출물에 대해 저작권 등록이 반려된 바 있으며, 우리나라 저작권법에서는 '인간의 사상 또는 감정을 표현한 창작물'로 저작물을 정의하고 있습니다.[+] 다만 AI 산출물을 소재로 인간이 선택, 배열 또는 구성한 경우, 그 부분에 한하여 창작성이 있다고 판단해 편집 저작물로 등록을 허용하고 있습니다.[++]

문화체육관광부와 한국저작권위원회는 2023년 『생성형 AI 안내서』를 발간해 AI 사업자와 이용자, 저작권자에 대한 다양한 사항들을 명시했습니다. 그 가운데 AI 사업자가 저작물을 학습 데이터로 사용하려면 가급적 저작권자에게 적절한 보상을 제공하는 것으로 이용 권한을

[+] 손승우, 「AI와 갈등하는 예술가들, 새로운 창작과 협력의 가능성을 찾아서」, 『나라경제』, 2024년 3월호

[++] 한국저작권위원회, 「'국내 생성 AI 영화 저작권 첫 인정 세계 2번째 사례' 일부 보도 사실관계 설명」, 보도자료, 2024년 1월 10일

갖도록 권고하고 있습니다. 2024년 영국 의회 소속 전문 기관에서는 2024년 생성형 AI의 학습 과정에서 저작권이 훼손될 수 있다는 내용의 보고서를 내놓으면서, 양지에서 데이터를 정당하게 거래하는 조달 시장을 대안으로 제시한 바 있습니다.

이러한 상황에 비춰볼 때 생성형 AI를 활용해 예술 창작활동을 할 경우, 오픈 소스 모델을 사용하더라도 AI 기업과 해당 소스가 포함된 콘텐츠 저작권자 사이에 협의가 이뤄지지 않은 상태라면 그에 따른 법적 소송과 피해를 이용자가 고스란히 입을 수밖에 없습니다. 또한 현재 미국과 우리나라에서는 인간의 창작적 개입이 없는 AI 산출물을 저작권으로 인정하지 않는 점을 고려할 때 AI 기술 또한 예술가의 창작 활동을 돕는 보조적인 도구로써 그 사용 범위를 조절해야 하는 것이 현실입니다. 다만 사람의 행위를 규제하는 법령이 제정되는 과정에 걸리는 시간과 급변하는 사회 환경 사이에 괴리가 있는 만큼 우리나라에서도 이에 대한 연구와 현실적인 방안 마련이 중요한 시점입니다.

지속적인 관객 개발을 위한 선택

✦

공연예술의 지속성에 관해 이야기할 때, 관객 개발을 배제할 수 없습니다. 앞으로 공연예술의 경제적, 사회적, 문화적 가치를 증진하기 위해서는 보다 폭넓은 연령대에서 다양한 삶을 살고 있는 관객들을 보다 바라봐야 할 것입니다.

현재 공연예술계 마니아 관객인 MZ세대를 넘어, 장기적으로는 현재 대중문화에서 팬덤의 중심에 있는 알파세대⁺가 공연예술을 더욱 쉽게 접하고 흥미를 느낄 수 있는 다양한 계기가 조성되어야 할 것입니다. 이들의 성향을 고려할 때 과거 웹툰이나 영화 등 대중문화에서 성공을 거둔 콘텐츠를 공연예술 장르에 맞춰 재창작하는 시도에서 한발 더 나아가, 알파 세대가 공감할 수 있는 소재, 관객 참여형 인터랙티브 요소를 폭넓게 적용한 공연이 앞으로 더욱 주목받을 것입니다. 또한 영상 미디어와 디지털 도구가 익숙한 세대 특성상, 동시대 최신 기술을 활용한 콘텐츠에 대한 흥미와 참여가 가능한 점을 고려해 문화예술 외 다양한 분야의 전문가들과 협업한 공연을 선보이는 시도 또한 필요합니다.

단기적으로는 초고령화 사회로 진입하는 현시대에 등장한 액티브 시니어Active Senior, 즉 50·60세대를 대상으로 한 콘텐츠 개발, 관객화 전략이 필요합니다. 은퇴 후 하고 싶은 일을 찾아 능동적으로 도전하는 이들은 소극적인 소비와 자녀에게 노후를 의존하던 이전 세대와 달리, 자신의 노후를 위해 자산을 적극 사용하는 성향을 보입니다. 시간상 충분한 여유와 경제력을 토대로 자기 계발에도 적극적이며, 문화 향유와 콘텐츠 구매력의 지속성이 높습니다. 과거 공연예술계에서 시니어 세대를 대상으로 복고풍, 휴먼 드라마 소재의 공연이 성공을 거둔 바 있으나, 고령화로 인한 관객의 세대교체와 현 사회 변화를 고려했을 때

✦ 알파세대는 스마트폰이 대중화된 이후인 2010년 이후에 태어난 세대를 일컬으며, 세대 구성원 전체가 처음으로 21세기에 출생한 세대이다.

동시대 액티브 시니어들이 공감하는 새로운 소재 발굴과 참여형 프로그램에 대한 고민이 요구되는 시점입니다.

더불어 세대뿐 아니라 사회적·문화적 배경과 취향 등을 중심으로 보다 세분화된 관객층을 구분하고 이에 따른 공연을 개발한다면, 폭넓은 관객 확보뿐 아니라 더 많은 사람들에게 공연예술을 통한 문화 향유 기회를 제공할 수 있을 것입니다.

맺는 글

✦

공연 기획 프로듀서의
역량

'시간 가는 줄 모르고 완벽하게 몰입했다.'

'공연만이 가진 특별한 감동을 느꼈다.'

'다시 공연을 보고 싶다.'

공연 관람 후 극장을 나서는 관객의 한마디 말에, 프로덕션의 모든 사람들은 희열을 느낍니다. 제작진, 출연진, 스태프 모두 최고의 공연을 위한 하나의 목표를 향해 최선을 다했을 때 마땅히 들을 수 있는 평가입니다. 또한 각자 맡은 역할에 충실하면서 파트 안에서 팀워크는 물론, 다른 파트와의 협업이 원활했다는 것의 방증이기도 합니다.

예술과 기술이라는 무형의 재료로 시작해 '공연'이라는 유형의 결과물이 탄생하는 과정은 전혀 순탄하지 않습니다. 프로덕션의 모든 요소와 단계는 유기적으로 연결되어 있기에, 성공적인 공연은 소수의 예술적인 기량이나 일부의 독특한 제작 방식만으로는 결코 이뤄질 수 없습니다. 이것이 책을 쓰게 된 가장 큰 이유 중 하나입니다.

프로덕션의 모든 과정이 자연스럽게 흘러가기 위해서는 기획 프로듀서의 역할이 중요합니다. 책을 마무리하며 성공적인 프로덕션 운영을 위해 기획 프로듀서에게 필요한 역량에 관해 이야기하고자 합니다.

프로덕션 운영에 대한 지식과 전문성

기획 프로듀서는 예술경영 전반에 관한 지식을 기초로 기획, 제작, 무대, 공연장, 홍보·마케팅에 이르는 종합적인 이해가 필수입니다. 특히 공연예술의 특성과 함께 자신이 맡은 장르에 대한 전문 지식이 중요합니다. 프로덕션의 파트별 참여자들과 소통할 수 있는 지식 이상으로, 제작에 요구되는 기술 차원까지 깊이 알고 있을 때 프로덕션에 부족하거나 적극 지원해야 하는 부분을 수월하게 파악할 수 있으며, 예술가들이 그려내는 다양하고 실험적인 무대를 수월하게 만들 수 있습니다.

이론과 경험을 연결하는 노하우

이론을 공연 현장에서 적용하면서 구축한 자신만의 노하우가 필요합니다. 공연 제작 현장 곳곳에는 다양한 변수가 가득합니다. 이론만으로 적용하기 어려운 일들이 늘 따르기에, 성공이나 실패에 상관없이 모든 상황에서 시도하고 터득한 자신만의 경험을 고유의 전문성으로 만들어야 합니다. 최선의 노력으로 최대의 효과를 만들어내는 과정이 계속

쌓이면서 폭넓은 관점과 통찰력을 갖출 수 있습니다.

상황과 흐름을 이끌어가는 주도성

여러 분야의 전문가들이 모여 동시다발로 진행되는 공연 프로덕션에서 주도성은 다양한 파트를 연결하고, 일을 진척시키는데 큰 동력이 됩니다. 이를 통해 제작 과정에서 벌어지는 다양한 회의, 그에 따른 선택, 심지어 예기치 못한 상황까지도 선제적으로 대처하면서 위험 요소를 최소화해 안정적으로 프로덕션을 운영할 수 있게 됩니다.

조율과 결정의 커뮤니케이션 능력

공연예술 프로덕션도 결국 사람이 모여, 사람을 위한 작업을 하는 과정입니다. 매 순간 조율하고 결정하기 위한 프로덕션 내부자와의 소통뿐 아니라 홍보·마케팅을 통해 공연을 관람할 대중과의 외부 소통까지, 다양한 업무를 원활하게 진행하는 데에는 탁월한 커뮤니케이션 능력이 요구됩니다.

상황 판단력과 문제해결력

하나의 공연을 위해 적게는 수십 명, 많게는 수백 명의 사람들이 모인 프로덕션에는 당연히 이런저런 문제가 발생합니다. 기획 프로듀서는 하루에도 여러 차례 발생하는 문제 앞에서 본질을 빠르게 파악하고 분석해, 최선의 문제 해결 방안을 내놓아야 합니다.

  실제로 공연 제작 과정에서 예술적, 기술적 견해 차이로 갈등이 생기거나, 기술 메커니즘의 문제로 처음의 목표를 달성하지 못하는 경우들이 빈번합니다. 위험에 노출되어 상해를 입는 안타까운 사례도 있으며, 제작에 대한 계약이 제대로 이행되지 않아 공연 자체가 무산됐던 예도 있습니다.

프로덕션 안팎에서 생기는 다양한 문제를 해결하기 위한 가장 큰 기준점은 '원칙'입니다. 일례로 어떤 문제가 발생했다면, 가장 먼저 관련된 사람들과 함께 문제의 원인과 그로 인해 발생한 결과, 파급되는 영향 등을 살펴봅니다. 혹여 애초의 계획과 절차대로 실행되지 않은 것은 없는지, 사소하게 지나쳤거나 실수로 누락된 것은 없는지 등을 꼼꼼히 확인합니다. 이후 위험 관리, 우선순위, 비용 대비 효과 측면을 고려해 해결 방안을 모색합니다. 이때 가급적 기존 계획과 큰 차이가 발생하지 않는 선에서 해소될 수 있도록 노력합니다.

가장 좋은 것은 사전에 문제가 발생할 가능성이 높은 영역에 주의를 기울이는 것입니다. 프로덕션 계획과 흐름에 따라 원활하게 진행되고 있는지, 업무를 맡은 담당자들에게 애로사항은 없는지 끊임없이 소통하고 확인한다면 예기치 못하게 닥치는 어려움을 어느 정도 예방할 수 있습니다.

관객에게 사랑받는 공연의 프로덕션에는 앞서 언급한 다섯 가지 역량을 갖춘 프로듀서가 존재합니다. 예술가들의 든든한 조력자이자, 팀워크와 협업을 이끄는 주도자이며, 대중과 예술을 연결하는 매개자의 역할을 기꺼이 해내는 존재입니다.

더불어 이제 막 공연 기획·제작 현장에 발을 내딛는 모든 이들에게 무엇보다 중요한 것은, 공연예술을 향한 애정어린 마음으로 매순간 임하는 것입니다. 그러한 마음들이 모인 프로덕션은 넘치는 생명력으로, 관객의 마음에 특별한 울림과 감동이 되는 공연을 탄생시키게 됩니다.

이미지 출처

✦

20쪽 ⓒMuha Ajjan/Unsplash

21쪽 ⓒ세종문화회관

44쪽 ⓒPrudence Upton/Opera Australia

48쪽 ⓒ세종문화회관

49쪽 ⓒ세종문화회관

58쪽 ⓒJonathan Tichler/Met Opera

60쪽 ⓒ이민옥

63쪽 ⓒ월간객석

65쪽 ⓒHoho.cjy

68쪽 ⓒAbner Campos/Unsplash

74쪽 ⓒ 월간객석

75쪽 ⓒHoho.cjy

88쪽 ⓒ 예술의전당

98쪽 ⓒ이민옥

130쪽 ⓒoperastager

132쪽 ⓒHY.B

133쪽 ⓒoperastager

137쪽 ⓒ 경기아트센터

138쪽 ⓒ Kazuo Ota/Unsplash

147쪽 ⓒJonathan Tichler/Met Opera

148쪽 ⓒJonathan Tichler/Met Opera

164쪽 ⓒRenew Culture Ltd/Buro Happold

166쪽 ⓒ 국립극단

169쪽 ⓒ 진효숙/모두예술극장

172쪽 ⓒ 국립극장

*일부 저작권자가 불분명한 도판의 경우, 저작권자가 확인되는 대로 별도의 허락을 받도록 하겠습니다.

이미지 출처

공연예술 프로덕션 강의

ⓒ 임정은, 2024

초판 1쇄 발행 2024년 8월 27일

지은이   임정은
기획·편집   김선영
디자인   데일리루틴
펴낸이   이기봉
펴낸곳   도서출판 좋은땅
주소   서울특별시 마포구 양화로12길 26 지월드빌딩 (서교동 395-7)
전화   02)374-8616~7
팩스   02)374-8614
이메일   gworldbook@naver.com
홈페이지   www.g-world.co.kr

ISBN   979-11-388-3269-4 (13680)